# 社交恐惧心理自救

## 你在害怕什么

孙　稳◎编著

中国华侨出版社
·北京·

图书在版编目（CIP）数据

社交恐惧心理自救：你在害怕什么 / 孙稳编著. —
北京：中国华侨出版社，2024.1
ISBN 978-7-5113-9067-7

Ⅰ.①社… Ⅱ.①孙… Ⅲ.①心理交往—通俗读物
Ⅳ.① C912.11-49

中国国家版本馆 CIP 数据核字 (2023) 第 182565 号

社交恐惧心理自救：你在害怕什么

编　　著：孙　稳
责任编辑：刘晓静
封面设计：天下书装
经　　销：新华书店
开　　本：670 毫米 ×960 毫米　1/16 开　印张：13　字数：125 千字
印　　刷：涿州市京南印刷厂
版　　次：2024 年 1 月第 1 版
印　　次：2024 年 1 月第 1 次印刷
书　　号：ISBN 978-7-5113-9067-7
定　　价：49.80 元

中国华侨出版社　北京市朝阳区西坝河东里 77 号楼底商 5 号　邮编：100028
发行部：（010）64443051　编辑部：（010）64443056
网　址：www.oveaschin.com　E-mail：oveaschin@sina.com

如发现印装质量问题，影响阅读，请与印刷厂联系调换。

# 前言

在电话交谈中因为担心说错话而声音颤抖；进入一个满是人的屋子里就会感到紧张、局促；在一群人面前讲话会脸红；与人面对面交谈时总是回避他人的目光……如果你出现以上的症状，并且持续了半年以上的时间，那有可能你已经患上了社交恐惧症。

以上症状的出现，是身体向我们发出的一种含蓄的警告：我们内心已经出现了问题，它要求我们彻底地审视自己。要知道，心理治疗的关键不在于方法的寻求，而在于对自身病因的剖析。

从心理学的角度分析，每一种心理类病状出现的背后，都隐藏着患者没有意识到的隐秘动机。在面对陌生人或人群时，出现一系列不正常的行为，我们总是会陷入自责之中，而从未去反思：我究竟在恐惧什么？这些症状的背后是否隐藏了某种心理创伤？这种创伤是如何形成的？是什么原因致使自己的病症一直持续至今？如果我们能够静下心来，深刻地剖析自己，找出症状背后隐藏的心理病因，我们就距离彻底解决问题、解救自己近了一大步，并且对自己的了解就又深刻了一些。

心理学家武志红说：“我所认为的心理学，就是集中在一个生命如何成为他‘自己’上，这是最为根本的生命动力，它演化出了一切人性。”从根本上说，社交恐惧症出现的原因是个体无法接纳自我不好的一面，即无法真正地做“自己”。他们恐惧的并不是社交，而是该如何去面对那个不够完美的自己。所以，治疗社交恐惧症的过程，也是一个如何接纳不完美的自己和真实地“做自己”的过程。

一切问题的根源在自己，而最好的医生也是自己。对于社交恐惧症人士来说，改变的过程，是一个心灵成长、心智成熟的过程，也是提升自我价值的过程，更是重新审视和认识自我的过程。愿本书能带你愉快地体验这些过程。

## 第一章 认识社交恐惧症，读懂孤独者内心的慌乱与挣扎

第一章
Chapter1

# 认识社交恐惧症，读懂孤独者内心的慌乱与挣扎

社交恐惧症，顾名思义就是会恐惧、会害怕与其他人的社会交往活动，在社交的过程中心理上会感觉到不适。比如会感觉紧张、不知所措、不知道该说什么，外在表现出结巴、脸红、出汗，严重的话会无法与他人正常交流。

人都有群居的属性，一方面是为了保护自我，另一方面也是社会经济发展的需要。而群居就需要相互交往，良好的社会关系可以减少人内心的孤独感、寂寞感、空虚感、恐惧感和痛苦感等，但社交恐惧症患者无法与他人正常地交往，更无法与人建立良性的关系，这也加剧了他们内心的痛苦。所以，要想摆脱“社交恐惧”的困扰，并不是一件容易的事；我们需要先认识社交恐惧症，读懂“社恐”人士的内心世界，才能更好地“对症下药”，找出有效的应对方法进行自救。

# 社交恐惧者的内心“戏码”

到人多的地方就会感到不自在或不安，第一反应永远是躲；

过度在意别人的看法，总是担心自己会出错；

害怕麻烦别人，或者恐惧别人厌烦的表情，欠的人情总想加倍地还回去；

害怕尴尬，于是会拼命地没话找话，交际变成了自我的“独角戏”，最终把天聊死；

路上遇到认识但不太熟的人，瞬间开始紧张，宁愿绕远，也不愿上前打招呼；

看到陌生人来电话就紧张；

……

如果你有以上的表现，多半是患上了“社恐”。在现实生活中，“社恐”更多时候表达的是一种不想和陌生人说话，不想参加社交活动的托词。但真正有“社恐”倾向的人，内心的“戏码”

从不会这么快乐。

对于社交恐惧者来说，一场小小的社交，往往需要花费很大的精力去“应付”，身心俱疲。与融入人群相比，他们觉得“独处”会更舒服。他们“隐匿”在生活中，经常要与内在的“恐惧感”对抗，在社交场合，他们会努力地去“扮演”一个普通人。在人多的场合，他们总想被人“忽视”，渴望被其他人“边缘化”，会对他人的“关注”产生恐惧和不安。在某些社交场景中，他们会感到尴尬、担心、焦虑，感觉自己在人群中显得很突兀、不和谐、很扎眼，于是常会手足无措，总有想要逃避的冲动，否则就会“度秒如年”。

一个脱口秀的段子，道出了许多“社恐”人士的心里话：

“如果被一只老虎咬了，你会选择求救吗？”

“我不会。因为如果没有人救我，我只是可能会死；可是一旦有人来救，我还得跟他打招呼。”

还有一位社交恐惧症患者对鲁迅语录中的这几句话推崇备至，因为这些话道出了他们内在的真实心理状态：

1. 面具戴太久，就会长到脸上，再想揭下来，除非伤筋动骨

“社恐”人士最绝望的瞬间：全桌只剩我一个人还没给上司敬酒

扒皮。

2. 当我沉默着的时候，我觉得充实，我将开口，同时感到空虚。（“社恐”：想将“空虚”改为“恐惧”）

3. 友谊是两颗心真诚相待，而不是一颗心对另一颗心的敲打。（“社恐”：想将“敲打”改为“抽打”）

4. 楼下一个男人病得要死，那间壁的一家唱着留声机；对面是弄孩子。楼上有两人狂笑；还有打牌声。河中的船上有女人哭着她死去的母亲。人类的悲欢并不相通，我只觉得他们吵闹。

从社会学的角度讲，人具有群居特性，害怕孤独，渴望融入群体，渴望能被人关注、认可、欣赏等。但社交恐惧症患者可能会显得“与众不同”。他们害怕社交，害怕与他人尤其是陌生人接触，这让人很难理解。融入人群、排遣孤独不是人的一种社会特性吗？这让很多人觉得他们的行为，有些矫情。

实际上，社交恐惧症是一种精神上的疾病，即社交焦虑障碍。具体指的是对社交或公开场合感到恐惧的一种精神疾病。社交恐惧症患者在社交场合会产生一种显著且持久的恐惧心理。多数情况下，他们明知这种恐惧反应是过分或不合理的，但仍旧会反复出现，难以控制。

大学毕业不久的苏姗，正面临着找工作、融入社会的境况。但她已经整整一个月没有出门了。她的卧室，是一个不足10平方米的房间，拉着厚厚的窗帘，门窗紧闭。这个看似窒息封闭的小空间，却是她倍感舒适的“安乐窝”。对于苏姗而言，步入社会融入人群，参与社交，参加面试都是件痛苦的事。

“真的害怕与陌生人打交道，跟他们说话的时候我会结巴，手心冒汗，头昏脑涨。然后陷入低落焦虑的情绪里，至少会持续两到三个小时，总感觉自己说错话了，非常自责，不停地怨恨自己为什么没有表现得更好。”苏姗向闺密说。

即使是网络上不见面的社交，也会给苏姗带来极大的心理压力。与闺密交谈期间，正巧苏姗的微信提示有新消息，她长叹一口气，闭上眼睛，然后努力睁开眼睛，才开始读新消息。“我必须做好充分的思想建设才有能力面对这些信息。”她说。

在常人眼中，令苏姗痛苦的是再正常不过的场景，但对“社恐”的她来说却是一种“灾难”。所以，在生活中，我们要以宽容的态度对待他们，要给予他们更多的理解和积极的反馈，而不是一味地去指责或怨恨他们。这样才能减轻他们内在的心理压力，从而通过积极的心理疗法，去参与社交。

## 心理小课堂

“社恐”人士往往十分在意他人的看法，渴望自己的做法能符合他人的预期，以获得人群的认同感。但是因为社交能力的欠缺，他们又在一些地方做不到完全符合别人的期望。在自身精力有限，没有时间损耗在小心翼翼地迎合或是对抗人群方面，保持“社恐”，与不了解的人拉开距离，是一种更理性的生存策略。

# 社交恐惧症与“社恐倾向”不是一回事

在现实生活中，因为社交恐惧症较为常见，所以导致很多人对它产生了一些错误的认知。比如，一些人明明不是社交恐惧症患者，只是出现了一些在面临难以应对的场面时，正常人都会具有的反应，如紧张、恐惧、焦虑等情绪，却以为自己患上了社交恐惧症，于是整日里诚惶诚恐，反而养成了遇事时一味逃避的习惯。长此以往，不但自身得不到成长和发展，而且会错失很多本应该属于自己的机会。

什么是真正的社交恐惧症？它的主要表现是什么？什么又是正常人或多或少都会有的“社恐行为”？只有分清楚这些问题，我们才能对自己的表现做出明白无误的判断，从而“对症下药”，让自己向着良性的方向发展。

一天，偶尔穿了一件新衣服，买了一双新鞋子，上街却唯恐被大家注意到，就尽可能地避开人多的地方。

一群人在大厅谈话时，自己会跑到一个角落里去撸猫或是撸狗，尽量避免与人交谈或接触。

参与社群活动，当大家吃完饭聚在客厅里喝茶聊天时，你却抢着去厨房洗碗，而且长时间不回来……

我们如果出现以上几种情况，不一定就能判断自己患上了“社交恐惧症”，只能说我们有“社恐倾向”。这是一种正常的情绪现象，就是当我们面临自己不想面对或自己不喜欢甚至厌恶场面时的一种本能的逃避行为而已。

恐惧也是人的天性。在陌生场合感到紧张，是正常的情绪表现；不喜欢与“三观不合”或精神无法共鸣的人打交道，也是人之常情；有的人天生内向，喜欢安静和独处，等等，都不是真正意义上的“社交恐惧症”。只有当回避社交的行为，到了干扰我们正常的学习、工作或其他重要关系的程度，并给本人造成巨大压力或痛苦的时候，才是医学意义上的社交恐惧症。这属于心理类疾病的分支，需要“患者”内心积极“自我修复”，严重时则需要专业的治疗。换言之，社交恐惧症是一

前面怎么这么多熟人？他们看不见我、看不见我、看不见我……

种精神上的疾病。多数情况下，有社交恐惧症的人对群体的看法都极为负面，除了几个亲近的人外，他们很难与外界进行沟通，这些人无法走出自我的世界，也不愿意加入人群。他们在人多的地方会感到不舒服，担心别人会注意到自己，总是担心被批评，担心自己的装扮怪异，与群体格格不入。所以，在社交活动中，他们内心充满了忐忑、焦虑、恐慌。情况轻微的人可以正常生活，情况严重的会在生活上存在种种不便或障碍，以致影响到正常的工作或学习。一般来说，社交恐惧症有以下几点较为显著的表现特点：

1. 社交恐惧症者总是会表现出在社交场合出现“病态”的心理特征，比如会有明显而持续的恐惧和焦虑，总是担心自己会出丑，比如会脸红、结巴、不敢正视别人等，这些情况会令他们十分尴尬，进而会产生各种恐惧感。无论这些状况是否会发生，“社恐”人士都会不由自主地担忧这些。并且他们知道这些担忧和焦虑都

懒惰的人，其实活得最累

是多余的，但仍旧无法控制自己。

2. 社交恐惧症者总是强烈地希望避免一些社交场合，如果不得不面对，他们将非常痛苦和害怕，并且会出现持续或反复的回避社交行为。

3. 社交焦虑症所产生的焦虑情况，比正常的焦虑、害怕更为严重，它表现为出汗、发抖、心悸、呕吐等生理状况。

4. 上述情况已经持续了半年多，给你的生活带来了很大的干扰和影响。

根据以上四点，如果与你的情况比较符合，那么基本上就可以判断你存在社交恐惧症，建议一定正视它们，并及时采取有效的方法及时解决，以免给自己带来更多的痛苦。

一个人因为内向、害羞等原因不愿意参加社交，主要表现是对社交有心理上的排斥感，但不会给他们带来痛苦。而社交恐惧症的主要表现是，面对他人尤其是陌生人或在一些陌生场合，会让他们感到痛苦。

# “社恐”的症状分种类，你属于哪一种

不同的社交恐惧症有不同的恐惧表现特征，主要分为被人关注所带来的恐惧、对视恐惧、余光恐惧、赤面恐惧、表情恐惧、手抖恐惧、口吃恐惧等几种类型。有些人只有其中的一种类型，但有些人却有多种类型。

### 1. 被人关注所带来的恐惧

指在群体活动中，害怕自己成为大家关注的焦点，哪怕被人关注一刹那，内心都会恐慌不已，手足无措，进而动作僵硬，表情不自然，说话会嘴抖。

下面是两位“社恐”人士的自白：

初中时期我就有极其严重的“社恐”，最害怕成为众人关注的对象。初二时期，我坐在教室的最后一排，下课后我宁肯憋着尿也不想去上厕所，因为害怕经过讲台，总觉得自己会被很多人关注，每次走到讲台前，我走路的姿势就会不自然，无法抬头挺胸，甚至连呼吸都会不自然……那种恐惧感是无法言表的！

我的最大愿望是：在家宅到天荒地老

每次乘坐公交，在人拥挤的情况下，如果车快到站自己没有挤到门口，我宁愿等到下一站再下，也不敢大喊一声“我要下车”，因为害怕这一声出去，众人的目光会落在我的身上……

### 2. 对视恐惧

在与人相处时，总是会恐惧与他人对视，害怕别人向自己投来的目光。有时，他会认为自己的目光影响了别人，会让别人也变得不自然和紧张，而此时自己则会陷入自责与恐惧之中。

### 3. 余光恐惧

“余光恐惧”是指“社恐”人士害怕用余光去看人或者被别人看。在社交活动中，用余光去看人是再正常不过的事，但对于“社恐”人士来说，用余光看人是一种不正常或猥琐的表现。所以，在与他人相处时，他们会极力地控制自己的余光，同时对别人向自己投来的余光也会深感恐惧，会觉得自己有什么地方做得不好，从而陷入自责之中。

### 4. 赤面恐惧

赤面恐惧又称脸红恐惧，是指“社恐”人士在面对他人时容易脸红，但又对自己的脸红行深感自责，进而引发心理上的冲突。与人交流时会脸红，本是一件正常的生理现象，但是却会被“社恐”人士猜测出各种含义来，比如幼稚、心虚、被人误会等。为了解决脸红的问题，他们会在恐惧之余想尽办法竭力掩盖。比如他们会将头埋得很低，用头发盖住脸颊等，进而引发强烈的自卑感和恐惧感。

### 5. 表情恐惧

当一个人过于在意自己的表现以及他人的评价时，就会一味地苛求自己。尤其在社交中，他会对自己的行为极为在意，注意力全部集中到有可能招来他人反感的地方。当他们的敏感神经关注到自身的表情或行为时，他们就会异常地担心自己表情或行为有可能不对，会招人反感。越是如此，他们的表情和行为就会越不自然……自此陷入恐惧的恶性循环之中。

### 6. 手抖恐惧

一些疾病会引发个体手抖的行为，但是对于“社恐”人士来说，

只要是从眼睛里射过来的光，我都过敏！

手抖是由内心的恐惧所引发的。

### 7. 口吃恐惧

“口吃”又称“结巴”“磕巴”，是一种言语障碍，表现为言语频繁地与正常的人在频率和强度上不同，并且会出现非自愿的重复、停顿、拖长打断等，从而在表达思想时产生困难。对于“社恐”人士来说，与人交流时会因为内心的恐惧而产生口吃的现象。

实际上，“社恐”的外在表现不仅仅有以上七种。对“社恐”人士来说，在社交中遇到多少件尴尬的事情，就有多少种症状。另外，不同的症状表现，也有不同的针对性的治疗方法。但最为关键的是，治疗“社恐”的关键不在于刻意地消除恐惧带来的各种“症状”，而在于心态的调整，即我们该如何放下成见，放下羞愧的心态，去接纳和拥抱一个不完美的自己。要明白，在社交场合，每个人都有缺点，都有被人否定的时候，也没有任何一个人能和所有人都搞好关系，给所有人都留下好印象。

“社恐”之所以会带来以上种种表现，主要是太过于关注“我”，比如过分地担忧自己的形象、表情、话语等。“社恐”人士不会将事情放到事情本身上去，专心致志地去处理眼下的事，所以，要治愈“社恐”，最重要的就是要将注意力从自己身上移开，更多地去关注事情本身。

# “隐性社恐”：面具后藏着不为人知的疲惫

英国文学家弗吉尼亚·伍尔芙曾说过：“我们的灵魂，或者说我们的内在生命，常常是和我们的外在生活格格不入的。”在现实中，有这样一种人：他们在社交场合总能夸夸其谈，也懂得各种社交方法，能让人感到欢乐。在许多人眼中，他们是名副其实的“交际达人”“社交牛人”，但实际上，他们却是“社恐”。

从心理学的角度看，这种人属于典型的表演型社交人格，他们出于工作或生活的需要，为了掩盖或者说保护自己对于人际交往的恐惧与无奈，从而激发出强大的社交表演才能，是现实中的“隐性社恐人”。比如，一些著名的喜剧表演大师，他们在台上面对观众的时候，总能插科打诨、嬉笑怒骂、随心所欲，满口俗言俗语，幽默风趣，十分接地气，还能做各种滑稽的动作，让人称快。在旁人眼中，他们应该有着极强的“社交才能”，但在私下，他

社交之所以累，是因为大家都试图表现出自己其实并不具备的品质

们却会对人群或社交表现出恐惧的一面。我们的周围，其实不乏这样的人。

毫不夸张地说，杰尼是那种大大咧咧的人。在社交场合，无论是同学聚会还是同事在一起聚餐，他都能滔滔不绝、掌控节奏，并能让聊天氛围高涨，让人们感受到欢乐。在周围人的眼中，他是绝对的“社交达人”。可只有杰尼知道，自己有“社交恐惧症”，并且已经持续很久了。

平时，他看到人潮涌动，便会惊慌失措；看到那些热烈而鲜活的微笑，就会无所适从；他害怕与人交流、与人对视；害怕他人向自己投来的目光……很多时候，他看起来能在工作中与客户、同事等相对熟悉的人侃侃而谈，但一旦在陌生人面前或者在陌生的环境中，他的内心就会紧张到不行。他的这种表演型社交人格，是出于对工作需要的无奈。因为杰尼知道自己要想升职，就必须有良好的人缘，在公司里与上司、同事处好关系。为了掩盖他的“社交恐惧症”，他只能在人前拼命地“表演”。他的那些社交话题、交际方法、讲幽默段子等才能，都是自己在家里经过无数次地练习而获得的。每当社交活动一结束，他总觉得自己像被掏空的“行尸走肉”一般空虚与寂寥，他内心那种对社交和人群的恐惧，外人也是无从知晓的。在不工作的时候，杰尼更愿意自己在家待着。休息时，他也是沉默寡言，鲜少参与社交活动，更喜欢在家看书写字，与工作中的他形成鲜明的对比。

杰尼就是典型的“隐性社恐”型人格，与现实中的“显性社恐”型人格不同的是，他们在社交中往往会表现得异常外向，看起来很健谈，对各种活动都很感兴趣，并且出于工作需要，他们也能与自己熟识的人熟络地进行交流。但在沟通中，他们为了迎合别人、融入话题，总是会戴各种各样的“面具”，从而忽略自己内心的真实需求，给自己带来更大的痛苦。

要搞清楚自己人生的剧本——你不是你父母的续集，不是你子女的前传，更不是你朋友的番外篇

事实上，有“隐性社恐”型人格的人，他们本身性格内向且敏感，相

比社交，其实他们更喜欢一个人待着。在社交场合，他们不仅会压抑自己内在的真实需求，其负面情绪也找不到有效的疏解发泄方法，长此以往，就会导致更严重的心理内耗，经常会感到心累，疲惫不堪。在社交场合，他们总是会小心翼翼地迎合他人，前一秒笑得很开心，后一秒却有可能突然变得沉默起来。另外，他们被压抑的情绪，也很容易突然爆发，所以他们也会给人一种“喜怒无常”的印象。

在生活中，如果你是个“隐性社恐”，就应该重视自己的心理问题。因为长时间地压抑自己，在严重的精神内耗中，除了会让自己痛苦不已，还会给自己的工作和生活带来极为严重的影响，比如效率低下、思考能力下降，做事情缺乏主动性，对周围的一切毫无兴趣。更严重的还会导致精神抑郁，给自己的健康带来危害。

## 心理小课堂

“隐性社恐”者，最大的特点就是自我真实的感受或需求被压制，久而久之会发展成“虚假自我”，即自己做的一切行为、需求或感受，都不是从自我的真实需求出发，那么，他们内在一定会出现“真实自我”与“虚假自我”之间的冲突或撕裂状态，从而使他们更累，更痛苦，难以体会到社交带给他们的快乐与成就感。

# 别担忧，“社恐”是一种普遍现象

有媒体曾经针对年轻人在网上进行了一项调查，参与投票的5536名网友中，97%的参与者都存在回避甚至恐惧社交的情况。另外，还有一家权威机构曾对4000多名18～35岁的年轻人调研，发现40.2%的人表示自己存在不同程度的“社恐”。其中，有42.7%的人认为自己缺乏社交技巧，害怕与不太熟或陌生人打交道；有36.5%的人对自身条件不够自信，总害怕被别人关注。甚至还有一些人看到人群就感到莫名的恐慌。这些都表明，“社恐”是一种普遍现象，尤其是在年轻人中极为常见。所以，如果你有“社恐”，完全不必过分担忧，只要找到适合自己的可行方法，是完全可以治愈的。

很多年轻人会“社恐”，一方面是因为生活节奏快、工作压力大，他们没时间出去认识新的朋友，他们的社交范围大都局限在同事、同学、老朋友、家人中，要踏出舒适圈主动去结识一个陌生人和维系一段关系的意愿并不强；另一方面是因为网络的发达，很多事情都可以

出门必带：手机、钥匙、“药”

在网上解决，年轻人变得越来越宅，社交的意愿大大降低，社交的能力也在逐渐变弱。同时，还有一些年轻人刚从单纯的校园环境步入相对复杂的现实社会，社会角色的变化会带来各方面的内在心理冲突，使之难以适应新的环境，所以总会回避社交，更喜欢一个人“宅着”。

“我就是单纯地想享受清静的生活，不爱社交”，如果有这样的感受，那也算不上“社恐”。但调查发现，在自认为是“社恐”的人群中，有近 40% 的人觉得社交障碍已经严重影响了自己的生活和学习，还有近 20% 的人觉得社恐对自己的前途或事业影响特别大。这样的人经常会陷入巨大的焦虑中，对人生产生消极负面的看法，这时就要引起足够的重视。

之前，在公司聚餐时，玛丽总会坐在离领导和不熟悉同事很远的地方，甚至有时会一个人在那里玩手机。

在玛丽看来，只要不被领导注意到，没有成为焦点，就会让她觉得很踏实。可一旦有人点名让她干点什么，比如给领导或同事敬酒、当众讲点什么，或者表演节目什么的，她内心就会局促不安，心跳加快。自己都不知道该怎么办了！甚至有时候领导走过来和她说话，她会脸红，这给她带来了极大的困扰。每当宴会结束，她又会陷入巨大的自责中。所以，每一次聚会前后，她都会显得极为焦虑，有时候甚至整晚都睡不着觉。她很讨厌自己在社交中的各种表现：想尽办法不让自己成为“焦点”，和别人说话脸红，被迫向别人敬酒时全身动作僵硬，声音总是颤抖、不自然……关键是自己无力改变自己讨厌的这一切。

直到前几天，玛丽了解到，有80%以上的人都有社交障碍，在社交时会有焦虑感，而仅有为数不多的人从未有过社交焦虑。这让她内心感到了些许安慰。她开始正确地看待自己的“社恐”问题：原来我不是异类，自己属于大多数！

同时，她也了解到，原来生活中社交有焦虑感是再正常不过的事情，比自己原以为的要普遍得多，尽管自己经常会遇到尴尬的场景。之后，她开始慢慢地接受自己“社恐”这件事，还学习了一些克服社恐的方法，整个人开始慢慢地变得自信起来。

一个人的攻击性，比如拒绝、愤怒等，如果不向外释放的话，就会转向内——攻击自己，没有第三个出口

对于年轻人来说，想克服“社恐”，首先要正确地看待它，并慢慢地接纳自己在社交中的一些尴尬表现。要认识到，你不是“异类”，而是多数人中的一个。然后，

找出自己“社恐”的内在心理原因，明白自己真正恐惧的究竟是什么，然后再进行一些有针对性的训练或心理疏导，便能慢慢地克服社交焦虑，并重建自信，融入人群。

另外，现代社会网络和通信设备都较为发达，年轻人更爱待在家里参与社交、购物等。线上多元的社交工具，也为他们提供了舒适区，让他们捧着手机，就可以编织出人际关系网。但长时间不与真实世界接触，也会诱发社交恐惧症。所以，年轻人应该适当地放下手机和电脑，到“线下”真实的世界去体验更为真切的人生，让自己尽可能多地融入人群，参与社交，这样可以避免让自己成为“社恐”中的一员。

社交恐惧的确会给人带来诸多的痛苦和尴尬，但它并不是无法克服的。而且，在有效的治疗后，其复发的概率并不高，所以，只要保持耐心，虽然治疗的过程有些煎熬，但是治愈后，你便能彻底摆脱这种痛苦，不再受到社交恐惧的困扰。

## 心理小课堂

人类有群居的属性，一方面是为了自我保护，另一方面可以有效地推动社会经济的发展。群居就需要人与人之间有更多良性的互动，良好的社交关系可以减少人内心的孤独感、寂寞感、空虚感、恐惧感和痛苦感，使一些压抑在心头的愤怒情绪得以及时宣泄。所以，我们要更好地融入群体，就必须克服社交恐惧症。

# 这几类人，最容易被“社恐”盯上

提及社交恐惧症，很多人都会陷入一种认识误区，觉得只有社交不顺利或者情商低、缺乏社交技巧的人才会遇到社交方面的尴尬场景。那些高情商、处处追求完美、性格外向的人则不会有这方面的烦恼。一般来说，童年和青少年晚期是社交恐惧症的多发时间。那么，什么样的人最容易被社交恐惧症盯上呢？主要有如下四种：（1）内向的人。（2）个性较为敏感的人。（3）自卑、自我评价低的人。（4）完美主义者。

## 1. 内向的人

性格内向的人，往往有不自信的特点，在社交场合他们常会表现出害羞、懦弱，甚至自闭的一面。多数时候，他们喜欢独处，不愿意与人有过多的接触，也缺乏参与社交的主动性。社交技能、沟通技巧都得不到有效的训练，就会为社交恐惧的产生提供机会。

另外，内向者的个性大都敏感、多疑，他们受到刺激后会变得异常焦虑，这种情绪又极难平复下来，于是很难与他人正常交流，这种困窘的感觉会让内向者逐渐害怕社交。

### 2. 个性较为敏感的人

一位心理学学者说过，高敏感个性的人，其神经细胞是向外凸出的，外界一个小的“突发事故”，就会打破他们内心的平静，甚至引发其内心暴风骤雨般的恐慌。这也导致他们对别人的态度或看法极为在乎，别人的一丁点儿的消极态度或评价便有可能会让他们滋生恐惧。在社交中，他们也往往放大事情不好的一面，将对方很正常的反应看成对自己的否定，在与人相处时总是带着紧张的情绪，久而久之很容易会患上社交恐惧症。

另外，个性敏感的人，想象力较为丰富。在社交场合中，他们总是会事先臆想出别人许多的缺点，但不去核实，会将自己的想象强行变成事实，默默疏远他人，或者会带着敌意去与人交往，使人际关系变得紧张，从而让他们对社交心生恐惧，进而引发社交恐惧症。

### 3. 自卑、自我评价低的人

自卑是导致“社恐”的原因之一。自卑的人缺乏自信，总会无限放大自己的缺点，会无休止地罗列自己的瑕疵，总会过分地贬低自己。所以，在社交场合，他们会表现得很紧张、焦

不要让我出去见人

虑，与人沟通时常常因为自卑找不到话题，常会出现尴尬的场景。

电影《亚当》中的男主角存在严重的人际交往障碍，他是个非常自卑的青年，唯一的爱好就是钻研天文学，和他人交谈的话题都是围绕着宇宙大爆炸和银河星系之类的研究展开的，一旦发现别人听得不耐烦，他会立即收住话匣子，变得尴尬和紧张不安，甚至语无伦次，不能和别人正常交流。

自卑的人脆弱、消极、神经过敏，经不起外界的批评和挫折，所以见人总爱回避，生怕受到伤害。因为他们太过在乎别人对自己的评价，所以有时候也会努力地讨好别人。他们甚至不敢打扰别人，因为害怕被拒绝。慢慢地，便容易“患上”社交恐惧症。

### 4. 完美主义者

完美虽然是很多人的追求，但如果到了吹毛求疵的地步，就会经常陷入不安、烦躁、恐惧的状态之中。完美主义者主要分为三种思考模式：其一，对自己要求太高；其二，对他人要求过高；其三，认为他人对自己有高要求。这类人在追求完美的过程中很容易遭遇挫败，因为凡事都不可

一个对自己苛刻的人，很难去宽以待人

能是尽善尽美的，任何人与事都是有瑕疵的。在挫败感心理的冲击下，完美主义者极容易否定、怀疑自己，变得自怨自艾，进而会封闭自己，排斥与外界的接触，甚至害怕与人交流。

从心理学的角度出发，社交恐惧症看起来是对某些人的排斥，实际上是对自己的排斥。完美主义者内心装满了不完美、焦虑、不满、可笑、滑稽等负面情绪，所以在社交中很容易从别人那里获得这些负面情绪的反馈，甚至他们会从别人的眼里读出内心的可耻、卑劣、病态，把他人正常的行为、声音、表情看成对自己的厌恶、藐视等。在这种情境下，就很容易造成“社恐”。

人是群居物种，每个人也离不开社交，无论在学校、工作、家庭，还是在生意场上，社交都是无法避免的。如果你恰好属于社交恐惧症的高发人群，那么就要留心。如果不幸患上了社交恐惧症，那就要进行必要的心理干预。比如深刻地分析自己产生“社恐”的主要原因，然后进行有针对性的心理治疗，再结合有效的行为训练方法，让自己更好地融入人群，从而慢慢地改善自己的社交状况。

## 心理小课堂

著名心理学家阿德勒曾说自卑源自没有正确地认识自己，认为“自己”只是“现在的自己”，没有意识到“自己”是一种动态的存在，是在不断成长发展的，也就是缺乏一种成长型思维看待自己。

## 社交恐惧的高发期：青春期

社交恐惧尽管在社会中较常见，但是一家心理学机构通过大量的数据统计发现，青春期孩子患上社交恐惧的概率更高一些。因为相比成年人，青春期的孩子对自我心理变化的觉察能力低，对自身心理变化的认知和经验也不足，同时他们也缺乏融入社会的社交经验和方法，再加上青春期孩子会更敏感一些，总是在乎自己在别人眼中的样子，也总是希望得到别人的认可与喜欢。所以，他们总是会表现出“怕人”的样子，即害怕与人交往，总以为自己在与人交往时会受到这样或那样的伤害或歧视。很多时候，他们在社交中极容易表现出紧张、担心、恐慌、手抖、手心出汗等状况。

玛丽成长在一个非常注重成绩的家庭，自小到大，她都会被父母严格管教。在玛丽的记忆中，她的业余时间几乎全部被各种补习课程所填满。每次考试，只要玛丽的成绩好，总会得到父母

进教室要带啥？一颗勇敢的心

的表扬，而只要她的成绩稍有不如人意，父母就会对她表现出极为失望的样子。在学习和生活中，玛丽也总是被父母“挑刺”，尤其是会被妈妈指责自己的各种缺点或不足。她曾说：“我感觉自己只有成绩好的时候才会被喜爱。每件事情，我只有做得更为完美，才能看到妈妈的笑脸！”这让她养成了敏感的个性，自小她就对自己要求极为严格，一旦有一点错处，就会产生深深的自责感。

但在上初一时，玛丽渐渐发现自己不擅长，甚至不敢社交了。她不断用学习来掩饰这个现实，她时常想“小学时候我学习成绩好，总考班级第一，还要假装自己是个高冷的学霸，不屑与任何人接触，其实我内心十分渴望社交。”

玛丽以为到了初二，这种状况就会好转，结果让她一直引以为傲的成绩一落千丈。她在日记中写道：“从前学习好是我唯一的价值，当我没有了成绩，我找不到我的价值。”那段时间，她回到家里也总是会被妈妈唠叨，数落她的成绩。她开始变得越来越自卑，总是很害怕下课，因为上课只要坐着就行，但是下课一个人坐着会显得极不自然，一想到出门要面对很多人的目光，她就恐惧不已，尴尬得也不知道自己的手该往哪儿放，自己该往哪儿站……看到别的同学在一起玩得热火朝天，她一边羡慕，一边会自责："我刚才那句话说得对不对？我这会儿的表情自然不自然？"初二生活给别的同学留下的是美好的记忆，给玛丽留下的却是噩梦。

到了初三，玛丽的"社恐"已经严重影响了日常生活，那时的她选择了住校。可是，每当在宿舍听到室友的声音，她都会感到害怕。她总是忍不住地琢磨如何与室友相处，是不是要打招呼，该说什么，万一聊天接不上话怎么办。上课之前，她想的是今天该和谁一起走，和别人坐在一起要是没有话说尴尬怎么办……一个人外出吃饭成了常态，每天都心神不宁的，郁郁寡欢。除了上课，她平时几乎整天待在宿舍床上，无比难受，就像亲手把自己关进了牢笼。

根据种种表现来看，玛丽无疑是患上了社交恐惧症，自小的家庭教育是导致这一结果的直接原因。玛丽的父母总是过于在乎她的学习成绩，对她的一些小错误也总是过分地指责，这只会导致她经常陷入过分的内疚感和羞愧感中。同时，这种内疚感和羞愧感，也会让玛丽陷入一种死循环：认为自己不够好，自身是差劲的。她渴望自己变得更好，因为在玛丽的潜意识中，只有她足够好，才配获得父母的爱，别人也才会尊重她。在这种家庭环境中，玛丽自然就养成了自卑、敏感的个性，再加上玛丽正处于青春期，心理发育还不够成熟，对各种未知都充满了恐惧，自然就患上了社交恐惧症。

事实上，青春期的孩子更容易患上社交恐惧症，多数情况下都是不健康的家庭氛围造成的。另外，进入青春期的孩子，渐渐地开始独立生活，尤其是需要住校的孩子，会从过去被父母保护的环境进入一个全新的陌生环境，他们因为缺乏社交经验和方法，受挫的概率比较高。比如，在一个寝室中，与一位室友出现一次小摩擦，他们就会产生强烈的心理负担，因为缺乏成熟的社交技巧，往往会选择“硬碰硬”的方法，如果再加上自我心理调节能力差，就很容易患上“社恐”。同时，青春期的孩子相比成年人更为敏感，更为“自我”，尤其注重自身的形象。对于男孩子而言，如果身高不高或形象不佳，很有可能因同学们的嘲笑和讽刺，而产生社交恐惧心理。对于女孩子而言，如果长得不漂亮，穿得不好看，

你生命的前半辈子或许属于别人，活在别人的认为里；那把后半辈子还给你自己，去追随你内心的声音

就会觉得自己在同学面前没面子，心里会自卑，从而产生社交恐惧。

青春期的孩子处于少年到成年的过渡期，他们的性格是处于变化之中的，如果处理不好人际关系，往往就会向另一个极端发展。如果父母没有意识到这些变化，只认为孩子个性内向、胆小、老实，就会致使孩子越来越不敢与人交流。

要避免孩子在青春期出现社恐，父母就必须关注孩子的成长，一方面，要为孩子创造良好的、和谐的家庭氛围，积极与孩子进行沟通和交流。另一方面，也要积极关注孩子的心理健康，不给他们施加过多的学习压力，鼓励他们多参加社会实践活动和社交活动等。

## 心理小课堂

社交恐惧在青春期孩子中频发的心理原因在于：青春期孩子处在心理发展的过渡阶段，其心理还未成熟，对许多事情的不确定感是造成心理敏感和社交恐惧的主要原因。另外，青春期孩子面对父母的期望、学业的繁重，他们的心理承受能力相对较弱，在各种重压之下，他们很容易形成自卑、内向的个性，不愿与人打交道，更会对参与社交活动失去兴趣。久而久之，就会导致社交恐惧。

# 分清楚自己属于哪种级别的“社恐”

与一般性的心理疾病一样，“社恐”依照症状的轻重也是分等级的。我们只有真实地了解和判断自身“社恐”症状的轻重等级，才能相应地采用有效的方法进行心理调节，进而达到治愈的目的。

**第一等级：害怕与不熟悉或陌生的人打交道，害怕被观察，害怕自己成为别人关注的对象。**

“社恐”较为典型的表现就是“怕人”，尤其是害怕与不熟

你的点头微笑，我的心惊肉跳！

悉或陌生的人打交道。在生活中，见到陌生人就会紧张、焦虑、害羞等，会无意识地回避他们。另外，在社交场合，“社恐”人士总会觉得周围每个人都在关注自己，观察自己的小动作。所以，他们表现得极为不自然，尽量不出声，躲在不被人注意的角落里，更是不敢与人交谈，也不敢在公众场所进食等。这些都是一般性的社交恐惧，它们不会对当事人带来较严重的后果。但是当事人因为被恐惧的心理支配，也会对生活、工作产生明显的影响。

在生活中，很多人觉得这些社恐症状较为轻微，往往会忽视它们，久而久之，发展成为更严重的社交恐惧症。所以，一旦发现自己有这方面的问题，应当及时进行心理调节。比如，我们在参加社交活动或见陌生人时，不妨让自己做几次深长而有节奏的深呼吸，用来缓解紧张的心情。另外，平时多注意训练自己，比如在社交活动中带着自己熟悉的人，可以增强内在的安全感，避

真正的亲密感，一定是“真我”与“真我”的相遇

免焦虑的情绪。

**第二等级：特殊情境下的社交恐惧。**

这种“社恐”指的是在特定的社交场合引发的持续性的恐惧，比如在某些场合的当众讲话、与特定人群的会面等。之所以会出现这种现象，多数情况下是因为我们遭遇过某个记忆深刻的场景。在那个场景中我们由于失态曾被其他人嘲笑、讽刺等，内心极力想要规避这种尴尬局面。从此之后，一旦生活中出现类似的场景，我们就会浑身感到不自在，无法正常交流，甚至出现呼吸困难、昏厥的场面。如果你的“社恐”处于这一等级，就要先找出其中的根源，然后再采取“压迫疗法”进行治疗，比如，曾经让我们感到受伤害的场合是办公室，那么不妨就在办公室开不是太重要的会议的时候，鼓起勇气站起来发言。或者，在办公室中开庆功会、年会等，在比较轻松愉快的氛围中，我们就可以让自己当众讲话。等到自己迈出第一步后，再逐步在较为正式的场合练习发言，直到完全克服心理障碍。

实际上，对于有第二等级表现的“社恐”人士，也会有不同程度的第一等级中的表现。当然，在现实生活中，对于不同社交场景，每个人的恐惧程度也是不尽相同的。有些人可能会对某个场景表现出强烈的恐惧，但对于其他场景则无太大的反应。法国著名心理学家、精神科医生克里斯托夫·安德烈和巴黎圣安娜精神病院医生帕特里克·莱热隆将那些令人感到恐惧的社交场合，按照其发生的频繁程度，用下图来进行表示：

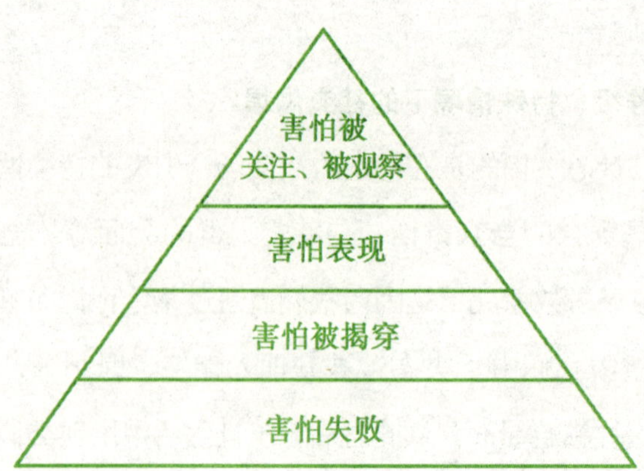


其实，金字塔最下方一层是令大多数人感到恐惧的场景，每上升一层就意味着下面塔层的场景也同样会引起社交恐惧。比如，害怕被揭穿的社交也会害怕失败，但未必害怕表现、害怕被关注和观察。

一般来说，如果有人害怕被他人关注、害怕被观察，那么他也会害怕其他的社交场景，即对所有的社交场合都表现出惧怕。

## 心理小课堂

"社恐"人士的内心一般极为脆弱，对外界产生排斥感，并且会放大别人对自己有意或无意的伤害。他们排斥外界的原因在于自我保护，害怕自己被人伤害。在遇到困难或人生难题时，他们几乎不会主动去克服困难，也不愿意去冒险，轻言放弃是人生常态。

## 可怕的事实：“社恐”总让人错失机会

从心理上来说，社交恐惧症会带给我们精神上的痛苦。因为他们内在地对社交极为排斥，同时，在尴尬的场景中，内心处于恐慌、焦虑状态，这也意味着他们常常会在自我内耗中极为痛苦和疲惫。

加州理工学院曾在一项调查研究中发现，一个人如果长期躲避社交，其大脑分泌的神经化学物质会发生改变，让其性格变得敏感、胆小，更容易表现出易怒、压抑、注意力涣散等状态。社交恐惧的人，在生活中还更少地体验到快乐，更多地体验到挫败感，甚至衍生出抑郁、精神分裂等心理疾病。

另外，社交恐惧症的另一个负面作用就是会让人错失一些机会，有时候甚至会毁掉一个人的前程。要知道，现代社会，社交活动是非常重要的一环，无论是找工作、交朋友；在职场上，还是在商场上，良好的社交能力可以让人获得良好的发展机会。所以，对于社交恐惧症者来说，当你排斥、回避社交的同时，也回绝了

我没有人气，但擅长气人，拉远距离，斩断关系，错失机会，自毁前程……

人生的更多可能性，容易让自己错失机会，有时候甚至会毁掉前程。

一位资深的新闻媒体人曾向人聊起自己的社交恐惧症经历："社恐让我错失了许多人生中宝贵的机会。"他曾说，自己在年轻的时候，与人相处就会焦虑、不自信，不能很好地展现自己，尤其是面对异性的时候，交流很不自如。实际上，他有着不错的形象、良好的学识和修养，具备许多媒体人都欠缺的条件。但正是社交恐惧症，让他错失了许多难得的采访机会，也让他的职业生涯停滞不前，至今都留有遗憾。

社交恐惧无异会成为个人人生中的大"绊脚石"，让你在好的工作、好的恋人、好的前景面前，缺乏好好把握的能力，让你吃很多"亏"。

社交恐惧症患者固然有良好的学识，但他们在选择职业时也会受限。在生活中，他们可能会选择一些相对单调、安静的工作，比如图书管理员、程序员这些职位。职业选择上的受限，就会让他们错失不少机会。

在职场中，不善于沟通、难以表达自己的想法和意见、缺乏自信等表现，都会让人难以与同事、上司或客户建立良好的人际关系，甚至会影响到个人工作的开展。对于需要经常开会、做报告、与客户打交道的职位，社交恐惧者会显得极为吃力，甚至根本无法胜任这些职位。另外，社交恐惧者在领导面前会全身不自在，诚惶诚恐，没办法自信地沟通交流或表现，多数时候，他们只能看着别人在台前风光无限，自己却只能躲在幕后任劳任怨。同时，在客户或者合作伙伴面前，社交恐惧者会感到局促不安，找不到聊天的话题，经常会冷场。于是，他们也只能眼睁睁地看着其他人获得好的发展前景，自己却踏步不前。

在恋爱场上，遇到有好感的异性，社交恐惧症患者也不敢主

完美的人生，从接纳自己的不完美开始

动接近，越想靠近却越回避。最终，只能将一段美好的感情埋在心里，让自己错失获得幸福的机会，留下诸多的遗憾。

在朋友面前，社交恐惧症患者没有存在感，经常会被忽视，极难融入一个圈子。即便是受人赏识，他们也不敢为自己争取机会，不懂得去展示自己的才能，这也会让他们错失结识优秀人物的机会，错过诸多优质的人际资源。

总之，社交恐惧症伤害的不仅仅是人的身体健康和心理健康，它还会让人丧失诸多机会，生活受阻。所以，我们切不可对自己的“社恐”听之任之，要懂得去正视它，并根据自己的表现，找出“社恐”产生的心理根源，进而找到有针对性的方法进行调节和训练，从而让自己更好地融入社会。

美国心理学家马斯洛认为，如果一个人被拒绝于团体之外，他便会产生孤独感，精神会受到压抑，严重时还会产生无助、绝望的情绪，甚至选择自杀。而人际关系学家通过调查数据也得出结论：在一年内失去工作的4000名失业者中，有400人即总数的10%是因为无法胜任工作而被开除，其余90%的人则是因为处理不好人际关系而被解雇。可见，“社恐”影响的不仅仅是我们的身心健康，还会毁掉我们的前程，甚至摧毁我们的人生。

## 心理测试：你是否有社交恐惧症

下面是一个判断社交恐惧症的自测问卷，如果其中描述的症状经常发生在自己的身上，就在前面画钩。

### 情形一：在以下情况下，我会感到恐惧

□打电话时

□有人敲门，去开门时

□在候诊室等待时

□开车时（会害怕其他司机对我有看法）

□使用公共卫生间时（排除害怕不卫生的情况）

□参加社交活动时

□约会时

□需要按自己的意志行动时

□向别人描述自己时

□在很多人面前说话时

□被介绍给别人时

□与银行柜员或杂货店店员交流时

□去店里买东西或还东西时

□在别人面前吃东西时

□在别人面前写自己的名字时

□主持社交活动时

□进行小组讨论时

□表达自己的观点时

□与人打招呼时

□当众表演时

百分之百地付出，看似非常伟大，但其实是一种很深的自恋。有这种想法的人，其实没有看到对方的真实需要，只是自顾自地付出。他的付出是他自己的需要，未必是对方的需要

**情形二：我经常会做出以下逃避社交的行为**

□参加社交活动前会服药或饮酒

□参加社交活动时，只出席一段时间，就会找机会离开

□有附加条件地参加社交活动，比如必须让有“安全感”的人跟着

□在与人交流时，不敢直视对方的眼睛

□害怕被人介绍给陌生人

□害怕与陌生人交流

□偶尔遇到不太熟的人，会选择性地避开

**情形三：在参加社交活动前后或过程中，我的内心话语是**

□我真是太失败了

□大家都能看得出我有多么焦虑或紧张

□我今天的打扮不得体

□我必须找机会离开，不能再出更多的丑

□我说的话显得太过愚蠢

□我与周围的人太格格不入

□我说不出什么有趣的东西

□我让人觉得厌烦，别人一定认为我很糟糕

□我的声音都颤抖了

□大家一定以为我疯了

□如果我搞砸了，就完蛋了

情形四：因为社交感到焦虑时，我的身体会出现以下症状

□脸红　□出汗　□心跳加速

□胸闷　□胃不舒服　□头晕　□颤抖

□声音跟平时正常交流不一样

□呼吸急促　□咽喉堵塞、口干　□肌肉僵硬

每个画钩的都得 1 分

0 ~ 14 分，你在公共场合有时会紧张一点儿，表现基本上是正常的；

15 ~ 30 分，需要注意自己的情况，你可能有轻微的社交恐惧症；

30 分以上，你的社交恐惧症或许已经严重了，需要引起足够的重视，你最好去做心理治疗。

# 第二章
Chapter2

# 找出“社交恐惧症”产生的根源：你究竟在害怕什么

要真正地治愈“社恐”，除了要对“社恐”有客观公正的认识，还要懂得去分析和挖掘“社恐”产生的心理根源，要清楚是什么原因导致了“社恐”的产生。这有利于我们在生活中采取有效的方法去调节和治愈自己的“社恐”，并让我们在此过程中获得心灵的成长。

治愈“社恐”并不是一蹴而就的，只有了解那些导致你内心焦虑或产生人际关系障碍的心理根源是什么，那些内心的痛苦和烦恼才能得到缓解，进而找出有效的“治疗”方法。

# 剖析和认识自己：找出自己究竟在害怕什么

剖析和认识自己，是治疗一切心理问题的根本。苏格拉底曾提醒我们：不经审视的人生，不值得一过！剖析和认识自己可以帮助我们找出“社恐”的心理根源，帮助我们找到适合自己的心理自愈方法。

在通常情况下，造成社交恐惧症的原因有很多，心理学家经过归纳，得出先天与后天两类原因。先天是因为个人天生的基因，这极难改变。后天是因为个人的成长环境、父母不当的教育方法和个人心理方面的问题等。比如孩子在幼年时期未能与人建立良好的友谊，与小伙伴的交往过程总是受到伤害，而家长、老师又没能积极地予以引导，那么，孩子长大后患有“社恐”的概率就较大。有心理机构曾经做过调查，发现有社交恐惧症的人，往往都有过这种经历：小时候说错话，不被大人待见，或者在课堂上经常会被老师或同学嘲笑，父母也没有及时引导，从而害怕与人交流。在他们心中，都隐藏着极深的自卑感。另外，一些人在生活中有“完美主义”心理，凡事都追求完美，所以在社交活动中，他们总是过分地在意和纠结自己的外在形象、话语、动作等，从而产生社交恐惧……我们只有通过自我心理剖析，才能找出“社恐”产生的心理根源。

要剖析和认识自己，需要问自己一些问题：“我是谁？”“我究竟是一个什么样的人？”“我与自己和他人的关系到底出了怎样的问题？”……这些重要的问题总是会被我们忽视，毕竟我们总是活在一厢情愿的“真相”之中。可这些问题恰恰是我们认识自己、剖析自我心理，必须正视和回答的问题。

对莉莉来说，害怕与人对视已经成了习惯，无论任何时候只要与人对视就会产生恐惧感。之后，经过心理咨询师的测试和诊断，她确实患上了社交恐惧症。随后，莉莉对自我进行了剖析：我是什么时候开始害怕别人的目光的呢？当别人的目光扫来时，自己究竟在担心什么？是怕出丑，还

认识自己前，觉得无可救药；认识自己后，觉得前途只是暂时黑暗

是怕别人的嘲笑、讽刺呢？

之后，莉莉想起自己中学时期那一次尴尬的目光经历：那天她呆坐在教室，看着书桌前面她一直暗恋的男孩，可那男孩猛地回头，看到莉莉专注的目光，不免脸也红了起来。这个场面正好被莉莉同桌看到了，便在教室里起哄，说莉莉和那个男孩在恋爱……其实，那位同桌也只是开玩笑，但给莉莉带来了巨大的心理阴影。自此之后，她开始害怕与人进行目光对视。找出问题后，莉莉感觉轻松多了，接下来，她按照心理咨询师提供的方法，有步骤地治愈了自己。

实际上，多数人的社交恐惧症都是由后天的生活环境或一些特殊的经历所带来的，只要我们学会认识和剖析自己，就一定能找出心理问题产生的关键原因。比如，脸红的人和对异性恐惧的人，也许是与自小所受的父母“教育”有关，他们用你无法抗拒的权威性将所谓的羞耻心或不正确的观念强加给你，进而导致心理问

生命是为了更好地成为自己，而不是成为更好的自己，因为，你自己本身，就是最好的

题的产生。

在很多人眼中，社交恐惧症大都是性格带来的，比如由一个内向、害羞和太过追求完美的个性所带来的。实际上，“社恐”多是后天的个人生活经历带来的，这也是在治愈过程中，我们必须要学会认识和剖析自我的原因。

我们认识自己，了解一些创伤产生的目的在于通过有效的方法治愈它，而不是对那些曾经带给你创伤的人或事产生怨恨。“怨恨”的情绪对治愈自我只会产生消极的影响。要知道，我们每个人的人生都是不尽完美的，我们的父母、周围的朋友、老师等也都不是完美的人，所以，我们要以平静和客观的心态去看待那些创伤，这是自我治愈的前提。

# “社恐”患者的内心：是对“自我”的一种保护

“社恐”患者大都有一颗“玻璃心”，敏感而脆弱。他们有着极低的自尊，看到陌生人总会表现得患得患失，害怕被人关注，回避社交，其根本原因大都是为了自我保护，避免自己受到伤害。

在现实生活中，他们总是会害怕被批评、被否定或被排斥。在亲密关系中，因为害羞或害怕被嘲讽而总是表现得极为拘谨，内心有深深的自卑感，总觉得自己能力不足或缺乏吸引力，或会觉得自己低人一等，所以总不能积极地与人尤其是陌生人产生良好的互动。造成这种心理现象的原因是多种多样的，其中，原生家庭的负面影响是最常见的原因之一。比如一个人在童年时期，如果经常受到父母的嘲笑或训斥，就会将这种屈辱经历内化，形成极为消极的自我认知，认为自己是不值得被爱的，也不相信自己会真正地得到他人的爱。那么，他们长大成人后对外界的嘲讽会极为敏感，在他人面前会显得极为自卑，不愿意主动接触陌生人。久而久之，他们会对外界“关上心门”，经常处于自我封闭的状态，最后产生较严重的“社恐”。

今年近30岁的伊贝从初中的时候就有社交恐惧症，在学校的时候，她总是不愿意和同学们一起玩，害怕与异性交流。初中时，她的老师曾向伊贝的父母反馈过这个问题，希望引起家长的重视，但伊贝的妈妈说：“孩子这是在努力备考重点高中，只要她学习成绩不下滑就行了。等将来考上了好的学校一切都会好起来的。”

尽管伊贝害怕社交，但她的成绩还算优秀，最终考上了一所大学。离开父母的伊贝，本想改变自己的个性，让自己阳光开朗起来。但她根本不知道如何与同学们交流。每天上课、下课、去食堂吃饭都是一个人。同学们也想和她一起玩，但是她每次一与大家在一起，就显得十分拘谨、腼腆，几乎不与人交流，总是一个人静静地躲在角落。偶尔有同学主动与她说话，她的目光也

因为怕受伤，所以才回避人

总是闪躲，不敢直视对方，总让人异常尴尬。久而久之，大家慢慢地疏远了她，就连室友都不愿与她相处。

伊贝看着每天都结伴而行的同学，心里既羡慕又沮丧。她羡慕他们的快乐，沮丧自己根本不知道该如何融入集体。她打电话对妈妈诉说自己的困惑，谁知妈妈不仅没开解她，反而说："跟那些人天天混在一起能拿到奖学金吗？不如多到图书馆去阅读！"

另外，伊贝还有其他方面的问题，比如她在讲台上说话时就会脸红，紧张到声音颤抖。有一次，学校组织活动，班长让每个人都讲一段话，对活动内容做个总结，大家都说得不错，只有伊贝磕磕巴巴什么也讲不出来，脸也涨得通红，事先准备好的词儿全都忘记了……这件事对伊贝的打击很大，她认为自己就是个废物，这导致她的生活更加封闭，除了上课，终日窝在宿舍里不出门，极力回避一切社交和学校组织的活动。

亲密关系的一个核心价值：交流并相互理解和接受彼此的感受，比如宝宝摔倒了，妈妈首先要做的不是去扶，而是去问宝宝："现在感觉怎么样？"然后给予必要的安慰

伊贝曾向她的朋友诉说过，自己的童年过得并不愉快。她有极为严厉的父亲和母亲，每次她犯错或学习成绩下滑时，都会遭到父亲和母亲严厉的训斥。伊贝记得，

在她上小学时，有好几次，由于她的学习成绩下滑，父亲和母亲竟然当着很多亲朋好友的面训斥她，说她考试分数低，真是件丢脸的事，照这样混下去，长大后只配回老家种地，这严重地伤到了伊贝的自尊。伊贝说，那时候听到父母当众羞辱她，只恨不得有个地缝能让自己钻进去。还有一次，一群同学到家里来给伊贝过生日，因为伊贝在厨房不小心打翻了一个菜盘子，父母便当着众多同学的面用极为恶毒的话语训斥她，让伊贝极为难堪，从那之后，伊贝再也不愿意请同学到家里来玩，也不愿与其他同学有过多的交往了……

很显然，伊贝的“社恐”与她童年时期父母对她接二连三的羞辱有着极大的关系。在生活中，很多父母都认为，小孩子不懂事，可以随意对待，随意打骂。实际上，孩子无论在怎样的年龄段都有着极强的自尊心。当遭到大人的训斥，尤其是大人当众训斥或嘲笑时，其自尊便会被严重地挫伤。有这样经历的孩子在长大后，就容易对来自外界的“伤害”变得异常敏感、自卑和低自尊。就像伊贝一样，父母早期对她尖刻的训斥，极大地挫伤了她的自尊心，让她对他人的评价、议论变得极为敏感。为了避免受到伤害，她渐渐地关闭了自己的“心门”，回避一切社交活动。

实际上，童年时期被父母伤过自尊的孩子，像伊贝一样，内心会变得极为脆弱，对外界也会产生排斥感，并会放大别人对自己有意或无意的伤害。在人际交往中，除非确信自己会受到欢迎，否则，他们根本不愿意与人相处。久而久之，他们便会变得“怕人”，成为“社恐”型人格。他们排斥外界、回避社交，是避免受到伤害而采取的对自我的一种保护措施。

在早年的时候，父母因为没能很好地帮助他们树立自信心，使得他们缺乏解决问题的能力，所以在生活或工作中，他们表现出来的状态就是怕麻烦，其实他们也不是怕麻烦，而是对自己解决问题的能力缺乏信心，所以就索性当鸵鸟。他们有深深的自卑感，在做事时，总觉得自己不行，所以遇到麻烦事或者不好处理的人际关系时，就会产生恐惧心理，继而逃避。对于他们来说，只要有一点点的逃避空间，他们绝对不会主动出来面对问题，承担属于自己的责任。一个人的内心长时间地处于这种撕裂和内耗的状态，就会形成“社恐”。

如果你的“社恐”是原生家庭所导致的，那治疗的第一步就是要以自我觉察的方式去挖掘出童年时期自己究竟受到了怎样的屈辱和伤痛，让自己真正地感受到那个曾经受伤的“小孩”的内心，即主动扒开伤口，允许当初的“创伤”浮现。

然后就是倾听，允许内在那个受到屈辱或嘲讽的小孩发出自己的声音。那个受伤的小孩可能会很情绪化，比如愤怒，比如自怨自艾、无比委屈，比如充满恐惧和忧虑等，这时你要允许你的“内在小孩”去表达自己的情感与情绪，而不是予以制止或批评。同时，要给予它安慰和激励。等你慢慢地去安抚好自己的“内在小孩”时，你对社交和他人的排斥感，以及参与社交所带来的恐惧感就会减轻许多。

接下来，还要通过行动，多参与社交活动，逐渐解除自我封闭的状态。这就是心理学上的自我暴露疗法，即让自己多多掌握社交技能，逐渐地增加社交行为，以达到疗愈的效果。多参与社交活动，还有助于我们改变固有的思维认知，消除自己内在对社交的消极看法，增强内在的承受能力，有助于塑造积极的自我形象。

## 心理小课堂

心理学疗愈的暴露方法是帮助受伤者揭示其心理症状产生的根源，并修复其身上在无意识中起作用的“自我力量”。要修复原生家庭所带来的“伤害”，就一定要清楚地知道自己的童年究竟遭遇了怎样的“伤痛”，也就是通过自揭伤疤的方式，去好好地安抚内在的“自己”，然后修正自己，从而激发出新的、积极的能量。

# 不正确的价值观所带来的内在“冲突”

原生家庭是造成“社恐”的重要原因之一。一个孩子如果没有被父母温柔对待，并不断地受到伤害，他是很难建立起对周围人与世界的信任感和安全感的。当一个人对周围世界缺乏信任感和安全感时，他就会采取很多排斥外界的举措来进行自我保护，其中就包括排斥社交。

在心理学上有这样一句著名的话：“孩子的问题就是父母的问题。”实际上，除了父母不当的抚养方式外，父母不当的人生观和价值观也会对孩子造成影响，这也是“社恐”产生的原因之一。丽莎的经历就印证了这个观点。

丽莎的父母都是较为成功的商人，他们经常给丽莎灌输这样的观点：“你将来是要做大事的，所以你必须比别人更用功读书，处处比别人表现得更优秀、更完美才好。”在这样的教育环境中，丽莎总是拼命地学习，在其他方面也是以严格的标准对待自己，因为只有这样才能获得父母的认可和赞赏……可是，这种处处追求完美的表现，让丽莎越来越讨厌和排斥周围的一切，她甚至开始越来越鄙视自己。在这样的环境中，丽莎在初中的时候，便患上了“社恐”。

追求成功和完美，是丽莎真正想要的吗？不一定，但对于丽莎的父母来说，他们在追求个人价值观的同时也迷失了自我，他们却将这种价值观强加给了孩子。对于丽莎来说，这已经是一种无形的枷锁，当她无论怎么努力都无法达到自己和父母的期望与标准时，她就会越来越瞧不起自己。父母给她灌输这种价值观的初衷可能只是想让她努力学习，不断地超越自己，可结果却是丽莎越来越无法认同真实的自己。

幸运的人一生都被童年治愈，不幸的人一生都在治愈童年

从心理学的角度分析，丽莎在不断追求完美的过程中，她的思维总是游离在幻想与现实之中。在现实中，丽莎因为无法满足父母的期待，无法达到自己的要求，便躲在美好的幻想之中，即“我渴望自己一切都是完美的，一切事情都能被我完美地解决，学习成绩好，气质好，大家都能喜欢我”。完美的幻想总是好过残酷的现实，幻想给了她希望，给了她力量，给了她一个全新的“自我”，所以，她开始逃避现实，只想陷入“自己”编织的虚幻的世界中。

但丽莎最终还是要回到现实中，毕竟极致的完美与成功在现实之中是无法达成的，因此她就会在“理应如此”与“事实却是如此”之间产生严重的心理冲突。当她无法做好一件事，或无法取得好成绩，看到父母失望的表情时，她就会陷入自责之中，就会讨厌自己，进而排斥自己，做事情时总会患得患失，在社交中也不例外，总是觉得自己哪里不够好，最终产生社交恐惧。

对于丽莎来说，她的内心充满了各种各样的冲突，或者说总在进行一场战争，即理想化自我与真实自我之间的战争。在社交活动中也是如此，她总想让自己表现得更完美，更受欢迎，于是会将精力专注于“我”的种种表现，患得患失，进而产生恐惧。如果她无法认清和找回真实的“自我”，那她就无法摆脱社交恐惧症的伤害。

实际上，吉娜与丽莎一样，她的社交恐惧症也是由原生家庭所带来的。

吉娜自小生活在一个极为严厉的家庭中。在她的记忆中，只

好的父母不会去关注孩子的失误，而是会先关注孩子的感受

要她一犯错，父母就会给予其极为严厉的批评甚至体罚，当然，她的父母也有自己的理由，他们认为在孩子小的时候就要为他们树立健康、正确的人生观和价值观，才能确保他们长大后少走弯路。所以，父母一旦发现吉娜有不正确的处事方式或不良的习惯时，就会予以训斥和批评，目的就是想让孩子永远记住自己的错误，以免下次再犯。可是，父母的训斥和体罚的教育方式却加深了吉娜对自身错误的认知，给她带来的更多的是内疚感、羞愧感。同时，这种内疚感和羞愧感，会让吉娜陷入一种死循环：认为自己不够好，自身是丑陋的、差劲的，进而对“自我”产生排斥感，在社交中自然就会患得患失。吉娜总是渴望自己能变得更好，因为她的潜意识认为，只有自己变得更好，别人才会尊重我，我才能更受欢迎，在这样的纠结和冲突中，很容易产生社交恐惧……

实际上，在现实生活中，父母不正确的价值观和教育方式，是导致“社恐”的重要原因之一。而要治疗“社恐”，还原自己童年时期的生活环境，仔细分析原生家庭的不当行为给自己带来了怎样的不良影响，进而对自己的“内在小孩”给予积极的安抚，是极为关键的。

## 心理小课堂

找到心理创伤的成因，是心理治疗的关键。我们只有找出造成我们“社恐”的关键原因，才能在生活中一点点地清理自己的创伤，修补自己的性格缺陷。这个过程会有失望、有反复、有放弃。但只要我们一直坚持自我拯救，真正地学会无条件地爱自己，接纳自己的不完美，就能达到自救的目的。

## 恐惧的背后，暗藏着你对“获得”的执着

“社恐”人士通常有以下的心理特点：

在社交活动中，总是习惯性地忽视自己的优势，无视自身展现出的积极的一面，总是盯着自己的各种缺点或不足。他们脑海中满是自身表现不好的记忆，所展现出的都是那些自己受人排挤、非议的负面或尴尬画面，在这些负面思维的作用下，他们整个人好似掉进了黑洞，渐渐走入认为自己失败、无用、可憎、不正常的“死胡同”。

同时，他们还会将这种“自我否定”的负面思维进行外移，认为别人也一定是这样看待自己的，给自己的一定是负面的评价。所以，在社交活动中，他们在面对那些长得凶、具有批判个性的人时会感到紧张，只有在一些面善、和蔼的人或者小孩子面前，才能感受到一丝轻松。

在社交活动中，他们完全无法放松自己，因为他们会从一个旁观者的角度来审视自己的一切表现，而这样做的结果就是会将自身的注意力全部集中于无关紧要的细节上，无法腾出精力来自然地与他人相处，这样很容易带来社交的挫败感。

在以上各种负面思维意识的控制下，他们会越来越恐惧，越来越退缩，越来越无法放松自己。生活的圈子也越来越小，之后便是自信力不断地降低，越来越坚信自己根本不善于社交，自己是不被接纳的。

“社恐”人士之所以会受“负面思维”的支配和控制，对别人眼光、看法、评价表现得极为敏感，是因为，他们这样做是为了“获得”——获得他人的肯定、赞赏和羡慕。

在社交中，他们试图表现得更为得体，想给别人留下良好的印象，结果却往往事与愿违。为了表现得更好，博得他人的肯定、赞赏甚至羡慕，他们不放过任何细节，而这样做的代价是，他们几乎无时无刻不活在被人审视的焦虑中。下面是一些“社恐”人士通过自我剖析后的自白：

“在社交中，我渴望维系自身的完美形象，是为了让别人觉得自己‘更有价值’。其实，在社交中，我不仅是想超越所有人，对于任何一个人，我想各个方面都比别人强……”

“我害怕被别人关注，实际上是害怕自己表现得不够完美。如果我是幻想中的‘完美的人’，处处比别人好，我一定会成为全场的焦点……可现实中糟糕的一切，打破了这种美好的幻想。”

“我对所有的负面的评价感到恐惧，只有一个人待着，或者和自己的宠物待在一起，抑或与那些年纪尚小的孩子和极为和善的人待在一起才能轻松一些，毕竟孩子不会评判，和善的人不会去否定别人。”

可见，“社恐”人士所恐惧和焦虑的背后都隐藏着这样的动机：让自己表现得极为完美，是那种被人挑不出任何瑕疵的“完美”；他们幻想着要超越所有的人，超越所有人的所有方面；能讨好所有的人，获得所有人的全方位的肯定和赞赏；要做好所有的事情，每件事情都要做到尽善尽美……在这种过高的自我要求和自我期待中，他们自然无法接纳真实的自己，无法面对现实。毕竟，在现实生活中，没有一个人能做到他们心中所幻想的那种“完美”。

所以，“社恐”人士内心恐惧的背后是渴望“获得”——获得完美，获得肯定、赞赏和接纳。从心理学的角度分析，当一个人急切地渴望获得别人的好评，获得完美的形象，获得超越他人的

安全感缺乏者，内心大都藏着极深的恐惧

成就，获得所有人的接纳，获得高人一等的优越感时，就越会害怕得不到这一切，“社恐”人士内在的恐惧皆源于此。同时，对“获得”的执着程度，也决定着其内在“恐惧”的深度。这可以更好地解释“社恐”人士为何总是怕人，因为人可以识破他们的“伪装”，识破他身上的各种“不完美”。

对“社恐”人士由表及里地剖析后，我们会发现：一个人痛苦是因为他太过贪婪，不知足；一个人恐惧和焦虑是因为他对某样事或物太过执着；一个人逃避或排斥，是因为他要维系一个理想化的“自我”与幻想中的生活，其中就包括超越他人，获得肯定和赞许，进而维系自己的价值。正因为他太想要“获得”，所以又害怕“得不到”，进而陷入纠结性的精神内耗中。

另外，弗洛伊德说过，当个体所接触到的刺激超过了本身控制和释放能量的界限时，个体就会产生一种创伤感、危险感，伴随这种创伤感、危险感出现的体验就是焦虑。对于“社恐”人士来说，他们对外界袭来的各种“刺激”失去了控制，进而让他们感受到危险，出现“社交焦虑”也是再正常不过的事情。所以“社恐”人士最需要做的就是找到属于自己的“安全感”，实际上就是要我们最大限度地减少内心的恐惧。你要找出你恐惧的根源是什么，然后再用正能量一点点地消除它或驱散它。当你内心正能量满满的时候，做起事来就比较自由，比较大胆，不会担心这个，害怕那个。即便是做错了，也能够放自己一马，然后原谅自己，而原谅的背后是“不害怕自己是不好的”。所以，什么是安全感？安全感就是接纳自己不好的一面。

## 心理小课堂

心理学认为，你所厌恶的一切，都暗藏着潜意识中被你压制的黑暗人格。比如一个人渴望去拯救别人，背后隐藏的恐惧是“不被需要，没有价值”；一个人渴望自我展示，释放攻击，背后隐藏的恐惧是“被压抑，不被看见”；一个人渴望浪漫爱情，背后隐藏的恐惧是“孤身一人，无人帮助”……弗洛伊德曾说，潜意识中隐藏的欲望与冲动，虽然不被察觉，但支配着人的一生。只有看见和察觉潜意识中的欲望，才能看清行为背后的恐惧，为那些“事与愿违”找到根源，打破死循环，开启全新的人生。

## 恐惧也源于：对外界环境的错误认知

要治愈自己的“社恐”，首先要清楚自己为什么会对社交产生恐惧。多数时候，“社恐”们往往对外界环境与其他人有两个错误的认知：

其一，他们总是陷入自我聚焦式的思维方式中，即过于关注和在乎“自我”。在社交活动中，他们总是过分地将精力聚焦在“自我”身上，总觉得自己的一举一动都会受到周围人的关注。于是，他们就会活在一种被注视的紧张和焦虑感中。

朱莉认为自己有很严重的社交恐惧症，每次与人说话，尤其是与陌生人交谈，她都会脸红，而且不敢轻易看对方的眼睛。这也让她养成了低头说话，并试图用头发遮掩面部的交流习惯。

在与他人交流的过程中，一旦她感到不自在，就会试图低下头，并用头发遮盖自己的脸，回避对方的目光。尽管如此，她内心却总是在焦虑地想：对方是不是已经觉察到我脸红了？他会不会觉得我是个没用的人？他一定在嘲笑我呢……脑海中各种负面的看法会不断地被翻腾出来，此时的朱莉会感到越来越焦虑，越焦虑便也越想逃离社交现场，于是她会不自觉地退缩。而对方为了使交流进行得更顺畅，便会想接近她。越是如此，朱莉内心的焦虑感就越来越严重，觉得对方在进一步关注她的窘态，直到情况越来越糟糕。

从朱莉的行为来看，她内心紧张、焦虑，在于她陷入了自我聚焦式的思维方式中。她过于关注“我”在别人心目中的形象，总是担心自己的“恐惧”被对方看穿，处于“自我怀疑”的焦虑中，而这种“担忧”大都是自我臆想出来的，根本不是事实。

在社交活动中，大家关注的多是交流过程中的话语，而不是“社恐”者所担忧的凭空臆想出来的种种猜测。所以，要摆脱“社恐”，关键就是要建立自信，阻止自己凭空臆想的念头。

生活中的多数恐惧，都是我们发达的想象力“炮制”出来的

其二，“社恐”患者总是担忧别人对自己的看法，总是在负面消极的自我催眠中内耗和挣扎。由社交产生的焦虑，其实是他们和自己玩的一场想象游戏：总是凭空想着有各种负面的可能性会发生，并想象出由此引发的各种糟糕后果。再由这些“可能会发生、更可能不会发生的糟糕后果”来引起自己内心的恐惧、担忧和压力感。这种想象会使他们无时无刻不在思考自己的言行，回想自己任何可能出现的“瑕疵”，并且感觉周围的人看自己的目光都是不同的。

多数时候，“社恐”患者明明知道好多都是自己想象出来的，却总觉得它们是真实的。这是因为，人的潜意识有一个独特的情境混淆机制，让人对自己的想象信以为真，如此，才能制定出真切可行的灾难后备方案，确保个体的安全。不难看出，这是人的潜意识本能的自我保护机制之一。

对此，我们也可以这样理解：潜意识其实是分不清想象和现实的，所以，不管是现实中发生的事还是想象中发生的事，都会带给我们高度一致的情绪、情感体验。换言之，我们总是会将自己的想象误以为是真实的。这也是为什么，我们在辗转难眠的深夜里，会因为自己想象中的事而惶恐不安或泪流满面。下面的杰瑞就是典型的例子。

刚刚获得博士学位的杰瑞被一家知名企业录用，并担任研发部的领导。到岗第一天，他要向研发部的其他成员做研发方面的报告。杰瑞本就不善言辞，由于常年埋头读书，较少参与社交，他有轻微的社交恐惧症。可为了给其他的团队研发人员留下好印象，杰瑞在到岗之前早已经准备好了要讲的内容，但当他看到台

当你看不起自己时，就会认为全世界的人都看不起你；当你不爱自己时，也会认为世界上根本不会有人爱你

下坐着的乌泱泱的人群时，他一下子慌乱了，准备好的开场白也全都忘记了。糟糕的是，因为紧张，他刚开始就说错了话，引得台下众人哄堂大笑。那天，他是照着稿子念完报告的。自此之后，杰瑞就对演讲这件事产生了焦虑。每当要当众做报告时，他都会反复地准备讲稿，并告诉自己“明天在台上千万不要出错、千万不要出错”，但内心却忍不住一遍又一遍想象自己出错的样子。这些想象让他无比焦虑，甚至反复出现在梦中，让他一次次惊醒。渐渐地，杰瑞便对当众讲话产生了恐惧，再也不敢上台做报告了。无奈之下，他走进了心理咨询室。

心理医生问他：“你经常出现的焦虑幻想是什么？”

杰瑞说：“我常常忍不住想象，自己做报告时又出错了，站在台上面红耳赤，尴尬、无地自容，又惹得台下的听众们哄堂大笑。一想到这些，我就跟自己说，再也不能出错了，再出错你的职业生涯就完了。但似乎越这样想就越焦虑，越怕出错就越会出错，这些又让我更焦虑。”

从杰瑞“越这样想越焦虑，越怕出错越会出错”的叙述中，我们可以发现问题的关键所在。如果总是在重复性地想象一些失败的场景，那么我们就把它当成真实发生的事情了，随后就会产生与之相对应的心理状态以及行为方式。换言之，你一直反复想象负面或糟糕的场景，潜意识里就会认为这些场景是真实的，于是就会呈现给我们负面或糟糕的感受，最终让你做出负面或糟糕的行为。

如何才能改变这样的状态呢？只需改变你想象的内容——以前你总是想象那些自己不希望发生的场景，现在可以逆转过来，多给自己一些积极的暗示，主动去想象自己希望发生的正面的场景，想象得越真实，效果也就越好。每次当负面的想象又不自觉地冒出来的时候，就用这个正面积极的想象去替代它。久而久之，你的“社恐”状况就会得到些许的改善。

个体拥有一个真正属于自己的地方——心灵。积极的信念可以使人将地狱变成天堂。正是有了这种力量，让我们的身体拥有极为强大的自我修复能力、自我疗愈能力、自我适应能力、自我觉醒能力和自我救赎能力。积极的心理暗示，同样对治疗社交恐惧症有着积极的作用。

## 过于专注于“我”，就容易患得患失

多数情况下，“社恐”人士的心理是这样的（如下图所示）：

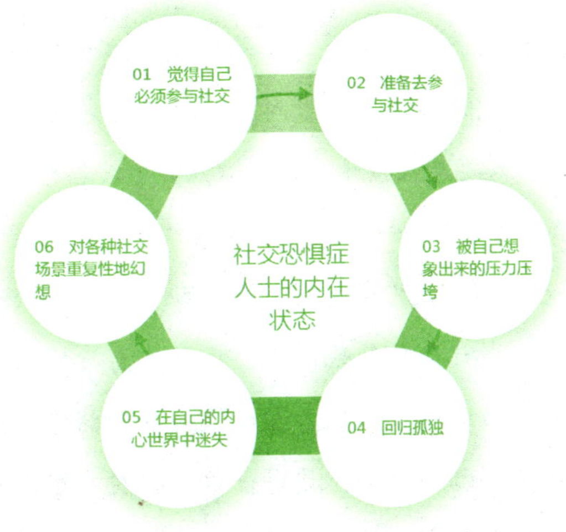


可以看出，“社恐”人士的内心都过于执着于“我”，尤其是在参与社交前，他们会过度地在意：“我的装扮是否能让人接受？”“我该说什么话才不会尴尬？”“我的外貌是否会招人反

感？”“我的声音是否让人觉得奇怪？”……他们总让自己过于沉浸在各种虚幻的场景中，最终被自己想象出来的“恐惧”所打败，再重新回归于“自我”的孤独世界中，形成恶性循环。

另外，就是在真实的社交活动中，他们的注意力也全然放在“我”身上，并且还会死死地抓住自己一丁点的“缺点”不放，在不断纠结和精神内耗中，不断地退缩和回避他人。下面是一位“社恐”人士的内心自白：

“在现实中，我是一个极度敏感的‘社恐’者，在社交中，我总是会不由自主地想很多事情：别人是不是不喜欢我？我这种表情是否会引人反感？等等。就是在与人进行微信聊天时，如果对方回复慢一点儿，我也会倍感失落……有时候乘坐公交车或地铁，在自己旁边坐着的陌生人，如果突然换位子去别的地方坐，我就会想自己究竟哪些地方招致对方的反感了，为此我还会自责很久……总之，只要与人接触，我内心就会上演各种各样的戏码，时时刻刻都在‘空想’——他是不是不喜欢我？他们是不是觉得我很奇怪，很丢脸？等等。尤其是在社交中犯一点小小的错误或者‘表现不够完美’，我就会反复地回想，反复地自责，认为自己给别人留下了无法挽回的印象，从自责和懊悔的情绪中难以走出来！我曾经参加过一个社团活动，觉得一位异性对我很是冷淡，好像不喜欢我，可那个聚会已经过去很多年，我却总是忍不住会去思索他为什么不喜欢我，越想越自卑，越怀疑自己。”

在社交中，太过执着于“我”，总觉得自己的一切都会给他人带来影响，对“自我”的一切行为都持怀疑态度。同时，周围的一切人与事也会影响到自己。尤其在社交活动中，总是胡乱猜想，内心的念头波涛汹涌，没有办法让自己安下心来。实际上，正常的社交应该将注意力集中于社交本身，比如对他人的表情、话语等给予积极的反馈。所以，要治疗“社恐”，就要让自己停止这种无意义的空想式精神内耗，将注意力从“我”身上移开，将注意力集中在社交这件事情上。对此，你可以尝试以下几种方法：

**1. 在参与社交之前，用笔将你内心的想法写出来，然后再仔细地分清楚你恐惧的深层次原因是什么**

对于很多“社恐”人士来说，他们的恐惧多源于猜疑和担忧，而实际上，那些猜疑和担忧很多时候并不会真的发生。所以，如果能将这些写出来，再从现实的角度去认清问题本质，那内心的恐惧感就会减轻。

**2. 学会给自己积极的暗示**

在社交活动中，过于紧张的“社恐”人士总是担心会有什么

外表平静，内心却正在经历一场情绪“风暴”

样的事情发生，总是会不断提醒自己处处要小心，步步要谨慎。实际上，这是一种不自信的表现。为此，我们可以采取自我暗示的方法去调整自己的内在状态，比如，你可以对自己说："没什么大不了，即便有些不完美，天也不会塌下来，自己的这些担心都是多余的……"这样来安慰自己就能缓解紧张的情绪了。

另外，在自己担心、紧张的时候，你可以在自己的手上套一个橡皮筋，弹自己的手臂，对自己说："紧张见鬼去吧，豁出去了！"这样去做，紧张的情绪就会得到缓解了。

### 3. 将"担心"变成"行动"

如果你特别害怕自己会出错，那么你就应该想一想如何才能避免出错。你可以拿张纸，把自己应该做的事情都一一地列出来，然后按照上面的内容去做，就可以转移自己的注意力，不会那么担心了。

## 心理小课堂

停止内心冲突，治疗"社恐"的关键在于懂得放下，放下"我"这个执念。在这个过程中，"社恐"人士需要勇敢地面对真实的自己与真实的社交，也需要通过症状看清自己内心恐惧的来源，并不断地提醒自己别一直活在空想之中而在真实世界中迷失。当你可以放弃"自我"之时，才能真正地找回"自我"。

## 越是“回避”，内心的“恐惧”越是会被强化

对于“社恐”人士来说，一场小小的社交活动，往往需要耗费很大的精力去“应付”，身心疲惫。所以，生活中，他们都会尽可能地避免与朋友见面或者参加一些较为正式的活动。如果无法避免，他们也会以两种方式来应对那种不自在、不舒服、恐惧的感觉。一种是回避，一种是强迫。“回避”是指在社交中能躲就躲，能不说话就不说话，尴尬了就会不停地看手机……但最终会发现，越是这样回避与人接触，内心的恐惧感则会越强烈。“强迫”是指在不得已的时候，“社恐”人士会强迫自己参与社交，强逼自己与人“谈笑风生”，会浑身紧张到冒汗，还常常会陷入尬聊的状态，最终给自己贴上“我不擅长社交”“我情商低”的标签。最终，在一次比一次更强烈的挫败感中，再次将自己“隐藏”起来。很多时候，“社恐”人士以为只要自己避开社交，躲进自己的舒

适圈就好了，或者以为强迫自己融入，次数多了自然变得擅长。但未曾意识到，这样的处理方式只会让人陷入“社交恐惧—回避—强迫尬聊—受挫—彻底恐惧社交—否定自我”的恶性循环当中，直到自己再也无法鼓起勇气自如地参与社交，自信心也备受打击，甚至人生的际遇也会发生改变。

苏菲从一所知名大学毕业，如今在一家大公司做财务工作。家人和同学都觉得，苏菲应该有令人羡慕的未来。但苏菲自己十分焦虑：她知道，自己患有严重的社交恐惧症，很难与人交流。

在公司的一次小型聚会上，原本是很轻松的场面，同事们都玩得很高兴，大家还讲了不少笑话。这时，一位同事看到苏菲一个人只是安静地坐着在看手机，为了带动她的情绪，同事就故意提议说让苏菲给大家表演个节目。谁知苏菲立即脸红了起来。最终在同事们的起哄中，她不得不站了起来，说：“我向来都不喜欢这样的场合，也没有任何才艺展示给大家……”话刚出口，全

对社交越排斥，内在的“恐惧”就会越深

场都安静了下来。那时，苏菲的内心则恐惧不已。她突然意识到自己说错了话。

其实，苏菲说的是实话，也并没有任何恶意，但她的表现让所有人都尴尬不已。这次经历让苏菲感到沮丧极了。她认为自己永远不可能正确地表达自己的想法，害怕被人反驳，害怕被人嘲笑，因此陷入了巨大的焦虑中。她也总是回避参加公司的所有活动，每天上班、下班和吃饭大都是一个人。久而久之，她与公司的人都产生了隔阂，试用期刚过，她就被通知试用不合格，被要求离职……

苏菲的心理，可能正是多数“社恐”人士的真实写照。实际上，在社交活动中，你越是“回避”，对人群持排斥态度，越会强化你内在的“恐惧感”，进而说话、社交表现越糟糕，让自己陷入“社恐”的泥潭中无法自拔。所以，面对“社恐”，我们要以接纳的心态对待它，而不是因为“恐惧”而回避或排斥社交。

作家张德芬说过一句话：很多时候，我们感觉不好的时候，比如悲伤、焦虑、恐惧，我们会一直想要从这个泥沼中挣扎着逃出来，并且不由自主地产生与之对抗的情绪。这实际上是在否定、排斥和压抑，最终只会在负面情绪的泥潭里越陷越深。所以，我们要牢记，凡是你所抗拒的，都会持续。因为当你极力地抗拒某件事情或某种情绪时，你的全身心都会聚焦在那里，这样你就赋予了它更多的能量，反而使它变得更为强大了。社交活动中的“恐惧”亦是如此。社交活动中，当你极力地回避、排斥或抗拒参与社交时，就等于你赋予了它们更多的能量，进而使自己内心的“恐惧”变得越来越强，然后我们对自我的评价越来越低，自卑感、羞愧感也越来越强烈，接下来就会越来越回避、排斥和抗拒社交。所以，对于“社恐”人士来说，首先一定要正视和接纳“社恐”，然后，采取循序渐进的适合于自己的社交方法，慢慢地获得心理的自愈。

## 心理小课堂

在社交中正视和接纳“恐惧”，是指不要试图通过某些行为去隐藏自己的“恐惧”。如有的“社恐”人士总是试图用头发去遮盖住脸，来掩饰自己的恐慌，进而让自己越来越不自信。与其如此，不如大方地向大家承认自己有“社恐”，这样反而能引得其他人的理解和同情，进而避免让自己陷入尴尬的境地。

## 你真正排斥的不是别人，而是真实的自己

“社恐”人士的内心经常处于撕裂的状态，他们在社交中，内心会不由自主地紧张和害怕，经常陷入拘谨和严重的束缚感中，在面对他人时，无法真正放松，在社交场景中总感觉喘不过气、被边缘化。从表面上看，造成这种现象的原因似乎是“社恐”人士缺乏社交技巧、对自己丧失信心，害怕自己难以获得他人的认可。但实际上，他们内心真正恐惧的并非他人，而是别人对自身表现和形象的审视和评价。所以，在社交中，他们会拼命地表现，竭力地掩饰自己不好的一面，更担心别人看穿自己内心竭力隐藏的、不愿示人的那一面，以此来维护内心所追求的完美和安全。下面是两位“社恐”人士的内心独白：

“在网络上和朋友聊天，我完全可以放开地展示自己，不忌

我讨厌社交，主要是讨厌戴着各种面具去建立一段又一段不稳定的关系

讳任何话题。可一到现实中，我却害怕见人，更不敢随意与人聊天。与不熟悉的人在一起，我犹如一只惊弓之鸟，仿佛一阵风就能将自己吓出一身冷汗……我主要是害怕自己会说错话，害怕他人注意到我那张尴尬和紧张的脸……”

“家，成为我安全的港湾，宅，也成了我无奈的选择。这也导致自己的生活圈子越来越小，也因此错失了许多人际关系和事业上升的机会……我的内心充满了冲突与怨恨，我讨厌现在的自己，却又无能为力；我也痛恨那些伤害过自己的人，却又无力自保。我想成为理想中的自己，但无论怎么努力都无法消除那些烦人的症状，只能在理想与现实之间不断地挣扎……”

害怕自己会说错话，害怕被他人关注和注意，想成为理想中的自己……从这些自述可以看出，“社恐”人士真正恐惧的并不是别人，并不是社交，而是那个“不够好”的自己。他们过于关注自己，即便是别人没有对自己评头论足，他们也会将自己置于那种被监视和审判的处境之下。于是，在社交场合中，他们会不断掩饰内心的紧张、胆小和不善言辞，试图营造出截然不同的一面，试图将“理想中的自己”完美地展现出来。他们内心总是不由自主地处于过度防卫和紧绷的状态，不断地在察言观色，不断地通过回避他人来保护自己。因为他们的内心根本无法认同真实的自己，担心自己一直维持的形象遭到破坏，担心内心所掩饰的部分会露出马脚。所以，治愈“社恐”的关键就在于如何去直面真实的“自我”，同时还敢于向人展露真实的自我。

可以试想，如果在社交中，你能坦诚地向所有人展示真实的自己，你能在旁人面前大声地笑，放肆地哭，敢说自己一直想说的话，敢于向人坦露你一切的喜怒哀乐，那也就意味着你完全打破了因预期恐惧而形成的各种精神束缚和枷锁，你内心的冲突和挣扎自然就会完全停止，那么无论在任何场合，“社恐”便会销声匿迹。

## 心理小课堂

社交中“恐惧”往往源于“过于在意别人的看法”和“试图掩饰真实的自己”。当你不再在意他人对你的评判，敢于坦露真实的自己，“恐惧”便会消失。所以，消除“社恐”的关键不是战胜自己、战胜恐惧，而是敢于拿出真诚，勇敢地向人展示最真实的自己。

# 当一个人不喜欢自己时，就总会担心别人讨厌他

一位“社恐”人士曾这样描述自己的症状：

“我有极为敏感的神经，极容易从别人细微的表情和动作中读出悲观的预判。比如在与人说话时，对方可能不经意间的皱眉、咳嗽等，我都能将其解读为一种对自己的否定。记得有一次，班级里有人说脏话、难听的话，我都会觉得对方在说自己，所以每天总是无心学习，总是感到前途迷茫，终日忧虑……有时候，我都怀疑自己是不是有妄想症，看到同学们在教室里闲聊，我都会担心他们在议论我；别人随口说一句‘有病’，我都会担心这是在针对我；被别的同学或老师多看两眼，我都会觉得对方是不是在讨厌自己。很多时候，在与其他同学相处的过程中，对方哪怕说一句中性的话，我都能读出否定的意味。”

你内心的状态，决定了你世界的样子

实际上，很多“社恐”人士都有以上的症状，他们有着极为敏锐的感觉，对外界有着超强的悲观反应，遇到一丁点儿不顺心的事，就在内心酝酿出情绪风暴，心中很容易滋生出憎恨、恶、焦虑、痛苦等一系列的负面情绪。同时，他们极容易因为别人的话语而心生忧虑，别人不经意间的一句话便会让他们思索良久，别人一个无心的动作便会让他们思索对方是不是在说自己坏话，在针对自己，自己究竟是哪方面出了差错，很轻易便对号入座……

从心理学的角度分析，产生这种心理的根本原因在于内在对“自我”的憎恨。一个人越憎恨自己，就会在心中谩骂自己，而越是如此，就会将内在的恨意投射到他人身上，认为别人也一定是这样看待自己的，而且还会将他人的一些与自己无关紧要的言行联系到自己身上，将别人的正常的行为或表情解读为对自己的否定和蔑视。

所以，对于内心极为敏感的“社恐”人士来说，真正可怕的并非他人，而是他们内心对自己的憎恨。当你可以真正接纳自己时，你就会发现外界变得和谐了，或者说，外界的环境和他人对你的看法其实都没有改变，只是我们内心的冲突减弱了，你不再陷入精神内耗中，焦虑和恐惧也就消失了。此时，当我们真正平静下来时，我们才能客观地看待自己和看待周围的人。

那么，在生活中，具体我们该如何去做呢？

**第一，接纳自己的不完美**

高敏感的“社恐”人士，通常都是低自尊者，他们对自己的能力不够自信，缺乏安全感，总是怀疑自己是否足够优秀，是否能获得他人的接纳。这种怀疑和担忧的本质是无法接纳真实的自己。对于个性敏感者来说，你要清楚地知道，每个人都是不尽完美的，包括自己在内，自己的敏感主要源于对自身条件的不满，因为这种不满才会让自己不断地打压或否

最初你只想回避人际关系，结果发现你回避了整个世界

定自己。所以，我们要消除这些疑虑，就要接纳自己的不完美，接受与期望中的自己的落差。当然这并不意味着不求上进，不思进取，而是能在努力的过程中认识到自己在一点点地进步，从而获得自信。

**第二，学着直面内心的恐惧，大胆将自己内心的感受说出来**

个性敏感的“社恐”者，总是喜欢对别人的言行进行过度解读，一旦解读出不好的信息，就会产生不好的心理感受。而解决这一问题的办法就在于，你要大胆地将内在的心理感受说出来，让别人知道。比如别人开玩笑说：“你怎么不说话呢？难道是表达力欠佳？”

这个时候，你不要过度地猜测别人是在鄙视你，还是关心你，而是大胆地表达自己的感受：“我觉得没有必要表达就不说话了。”如果你能直面内心的恐惧，大胆地说出你自己的心理感受，让别人知道你的想法，你也能更进一步知道别人的想法，这样信息就会表现得更具体，就不用把信息放在心里任意揣度。

### 心理小课堂

你内心的状态直接决定你对周围世事的态度和看法。你若颓废消极、悲观多疑，周围的世界也会凌乱不堪，各种倒霉的事也会围着你；若你积极乐观，大胆通透，你周围的一切也会呈现出蓬勃向上的活力。

# 积极地接纳真实的自我，感谢那个“不完美”的自己

我们了解到，“社恐”产生的心理根源是不接纳自己，即不接纳自己的不足和不完美。所以，要治疗“社恐”，我们就要对症下药，即从积极地接纳自己开始。

所谓“接纳自我”就是对自己要“真诚”，不欺人，不自欺。要客观地分析自我，准确地认识到自己的优点和缺点，在欣赏自己优点的同时，也不要排斥自己的缺点。要认识到，人无完人，每个人的能力都是有限的，都有着这样或那样的缺点，自己也不例外。当你真正地接纳自我的缺点和有限的能力后，在社交中，你就会有这样的感受：别人认同你，获得他人的褒奖，你不会过度地喜悦；同时，外人的批评、否定也打击不到你，因为你了解自己，你不会去奢求所有人的肯定和欣赏。无论外界对你有着怎样的评价，你始终坚信：这就是真实的我，不会因为想要赢得他人的肯定而患得患失，也不会因为他人的批评而耿耿于怀。

# 放下执念，与各种“症状”和解

“社恐”人士的一切努力都是为了“变好”，获得他人的肯定、赞赏和接纳。而恰恰就是因为这种“变好”的执念，让他们深陷恐惧的旋涡。

一个有社交恐惧症的女孩，每次与不太熟悉的人说话，脸就会涨得通红。她觉得自己这样很不好，于是她就开始想办法控制自己，每次与不熟悉的人说话，她都想尽办法不让自己脸红。但结果却是她脸红的问题越来越严重了，内心的恐惧与焦虑也越来越严重了。后来，她去了心理咨询室，心理医师给她看了其他人的一些案例，并且告诉她，其实很多人跟她一样也有类似的症状。等她发现有那么多人与她有着同样的问题时，她的烦恼反而减少了一大半，与人说话脸红的症状也没以前那么严重了。

这个女孩之所以在看到其他人的案例后，烦恼减少了许多，是因为她开始放下“让自己不再脸红”的执念，她可能不再强制自己“不脸红”，所以，她内心获得了轻松。在现实生活中，许多想要去治愈自己的“社恐”人士，第一反应就是要控制自己的“症状”，逃离恐惧，但恐惧本身只是一个信号，它只是在告诉我们你的人际交往出现了障碍，我们应该去改变。而对抗恐惧，放不下内心的“执念”，才是恐惧的主要来源。

所以，治疗“社恐”，我们不应该一味地去寻求去除各种症状的方法，而是首先要领悟到对自己要去除各种症状的执着，并且去反思对自己的各种“逼迫”与“要努力做好一切，变得完美”的幻想。只有当我们停止种种的“逼迫”与“幻想”，才能与症状和解，与自己和解，与现实和解，这是自我治愈的重要一步。

**吉娜在中学时期就有社交恐惧症，那时的她十分害怕受到老**

没有人能折磨到你，真正能折磨到你的是你的“执念”

师或同学的关注，每次课堂上被老师点名回答问题，她的脸都会涨得通红，而且大脑一片空白，对她来说很简单的问题，却经常因为“恐惧”而迟迟回答不出来。那时的她因为对社交恐惧的知识了解较少，所以也没过于在意。到了大学，吉娜发现自己的“社恐”问题越来越严重了。

大学军训后，班级里的同学都要逐一上讲台演讲，向大家介绍自己。这可把吉娜紧张坏了。从第一位同学上讲台开始，她就陷入了极大的恐慌和焦虑中，每上台一个同学，她的焦虑就增加一分。最后，她越来越恐慌，还未轮到自己，她已经彻底崩溃……随后，在全体同学的期待下，她还是上了讲台。“我叫吉娜，来自……”两句话之后，她已经紧张得说不出话来了，两只手不知道往哪儿放，场面极为尴尬，无奈她只好从讲台上跑了下来……那天下课后，自尊心受到严重打击的她在宿舍中痛哭，这一次惨痛的经历，让她开始关注自己的心理问题。

她开始了解关于“社恐”的一切心理知识。直到有一天，在一次学校组织的社团活动中，她又一次要上台讲话。在上台前，她内心的“恐惧”和“焦虑”再次袭来，她坐在台下，紧闭双眼，开始试着去接纳一切，接纳自己因为社交恐惧而产生的一系列症状的事实，比如害怕被别人关注，当众讲话时会脸红，声音沙哑等。此时的她也不再期待这些症状会全部消失，任由恐惧和焦虑在全身蔓延，一会儿，她感觉自己完全放松下来了。她上台后，对着大家讲出自己内心的真实状态：“我有极为严重的社交恐惧症，上台前内心很紧张……”奇怪的是，当她全然地真诚地向大家道出自己内在的状态时，她整个人完全松弛了下来。那一次，她完美地完成了演讲，获得了大家热烈的掌声。这次经历，大大增强了吉娜的自信心，这也是她治愈自我的第一步。

心理学上认为，人的恐惧、焦虑、痛苦等负面情绪就如黑暗一般，要驱散它们，就要引进光亮。光出现了，黑暗自然会消融，这是不变的规律。而喜悦则是消融负面情绪最好的光亮。当然，这里的喜悦并不等同于快乐，快乐是需要外在条件的，而喜悦则是心灵滋生出的一种正能量。而“喜悦”的初步反应就是接纳，即接受你受“恐惧”支配的事实，接纳你在社恐中所表现出的一系列的尴尬的场景，这也等于在接纳自身的不完美的一面。然后发现它们存在的珍贵之处，再将它们变成自己人生中的一次“宝贵”的体验。当你慢慢地体验到这个过程时，你就会发现，原本使你厌恶和抗拒的，那些坚硬无比的“恐惧”，竟然也变得“柔软”起来了，可以滋养你的生命。

所以，对于“社恐”人士来说，在社交中，千万不要试图去摆脱“恐惧”，更不要去抗拒和否认，但凡被你抗拒、否认和摆脱的，你都无法控制。而是要试着去接纳，承认事、人或物原本的模样，不做任何否定的审判，接纳之后才能好好地控制它们。

## 心理小课堂

从心理学的角度来说，接纳意味着打开，接纳意味着联通，接纳意味着释放，接纳意味着一体。当你学会接纳，接纳身边所有人或事的时候，就意味着你在保持着生命能量通道的通畅与顺达，那些外在正能量就可以进入我们的身体，内在正能量也可以升腾起来，形成对外能量的流通循环。同时，通过接纳而形成的能量流动冲击，可以进一步帮我们清除掉内在的各种负能量。

## 展示自己的“真诚”：不欺人，不自欺

“社恐”人士因为无法接纳自己“不好”的一面，所以，在社交中，他们不敢展现真实的自己，不敢跟他人说话，因为惧怕暴露“自我”太多的缺点。于是，他们努力地打造自己，尽可能地完美，尽可能地与人友善……而这种刻意的表现，让他们内心处于冲突的状态，使他们惧怕别人的目光，惧怕与别人深入接触，因为担心别人会看到其真实的存在，因为在他们心中，真实的“自己”是那么“不完美”，甚至“丑陋”。所以，“社恐”人士最需要做的就是接纳自己“不好”的一面。唯有如此，才能向大家展露真实的自己，“社恐”也就销声匿迹了。

同时，如果一个人时时能做到“真诚”，即不欺人，不自欺，真诚地展现自己，也可以有效地避免患上社交恐惧症。

太多人的“成熟”，是抽掉了自己内在真实的生命力，而向外在的规则低头

乔莉觉得自己有“社恐”的倾向，因为她个性自卑，不敢轻易在人前展示真实的自己，也不敢轻易和人说话，她害怕暴露自己太多的缺点。她意识到，自己之所以会这样，表面上是缺乏自信，总觉得自己处处不如别人。而更深层的原因就是不接受自己：在否定自己，觉得这样的自己不够好。乔莉觉得自己应该做出改变。

一次，乔莉去参加一个同学聚会，看到别人都开豪车、事业蒸蒸日上，而乔莉自己几年时间换了几份工作都没有做出成绩来，当时的她还待业在家。那一瞬间，乔莉更加不自信了，她到聚餐的地方，觉得浑身不自在，不知道自己该站在何处。

后来，大家纷纷发言，向大家介绍自己的处境。轮到乔莉时，她本想掩饰自己的窘境，想说自己早就准备好的话——“我目前发展得还不错，家庭条件也还好，当下因为不想被工作捆绑，就在家里思考人生，准备探索生命的其他可能性。”但是，乔莉觉得自己不该活在自己编织好的“完美”世界中，她决定向大家展露真实的自己，于是自嘲道：“我目前事业发展得不理想，待业在家，也没有明确的目标，想挣钱但还没找到好的门路。如今，就只是在家带带孩子，读读书，偶尔会在网上写一些文章……”

当说完这些后，乔莉感觉自己轻松极了，再也没有因为“撒谎”而受到“内在小孩”的责备，也没有因为否定自我而带来的内心冲突。接下来，她开始担心他人对自己的看法。可让她没想到的是，其他的同学开始附和她：我也没什么具体的目标，得过且过，干工作也只是赚钱养家糊口，时常怀疑人生……

显然，乔莉的真诚，让其他同学也都放下了思想包袱，开始给她说心里话了。从此，乔莉觉得坦诚地待人待己是一件很美妙的事情，她开始自我接纳，以前总出现的各种“社恐”症状也不见了。

在社交场合，真诚地不欺人，不自欺，接纳自己本来的样

幸福必然来自关系，而美好的关系来自无条件地接纳

子，心理上就不会再呈现各种“对抗”的情绪了，自我内耗自然就减少了，这也很容易赢得他人的好感和喜欢。正如心理学家武志红所说的：“所谓的自我成长，不是走向完美，而是走向真实。”

对于“社恐”人士来说，我们在生活中要尽力做到真实，这是自我接纳必须修炼的过程。向人呈现“虚假”的自我，试图向人编织“完美”的梦境，只能证明你的内在充满了不敢向人展示自己的恐惧。

在社交活动中，当你把自己真实的一面真诚地展现给别人时，就很容易赢得信任。真诚是一种自发、自愿的行为，真诚的心是透明的，没有杂质，它是心灵的接纳。

对于“社恐”人士来说，他们抗拒自己不好的一面，不接纳自己不够完美的那一面。而“抗拒”和“不接纳”本身就是一种障碍。不接纳，心门呈现出的是关闭的状态，能量的通道也是关闭的。关闭也就意味着与负能量同频，负能量最喜欢的就是心灵的关闭和禁闭。当我们陷入抗拒、对立、不满、不接纳的状态时，其实就是与负能量同频共振，就是深陷在负面的意识、心念当中，就是关闭了一切能量循环流动的通道。

同时，关闭心门，也意味着我们的内在与外在的正能量，与一切有利于提升自我的能量分离开了。当我们封闭心门，也意味着负能量的得势，而负能量又加剧了对我们生命的分裂，对我们能量的消耗，这也是“社恐”者总是会陷入痛苦的原因。

而真诚则意味着打开心门，接纳一切。当我们接纳自己不好的一面，接纳这个世界，接纳他人的时候，我们生命能量的通道是通畅与顺达的，外在正能量可以自由地进入我们的身体，内在正能量也会升腾起来，形成对外能量的流通循环。这个时候，“内耗”消散，冲突不再，我们整个人会感到非常轻松。

## 心理小课堂

真正地接纳自己，首先要静下心来，对自己充分地了解、分析，才能展开自己的内心，发现真实的自己。并且要学会爱自己，不管自己有什么缺点或不足，不管自己是什么样子，处于什么样的境遇，都要爱护自己，让自己感觉到温暖，给自己树立信心，给自己鼓足力量。

# 分析自己，找出内心潜藏的“魔鬼”

一个刚上班不久的“社恐”患者艾琳说道：“我真的很自卑，觉得自己长得不好看，毫无工作经验，又没能力，情商又不高，每天上班和同事相处就是一种煎熬。我该怎么办啊！”从心理学上分析，艾琳苦恼的根本原因在于不断地排斥自我“不好”的一面带来的。而她要摆脱这种痛苦的关键在于接纳自己不好的一面。当然，要做到这些，就需要学会自我心理分析，找出“不好”的一面是何种原因造成的，并知道自己内心的“魔鬼”是如何控制我们的。

今年刚刚 5 岁的乔治在不太和谐的家庭氛围中成长，他的妈妈是一个严苛的人，爸爸又经常酗酒，两人经常发生各种不愉快。父母经常将负面情绪发泄到乔治身上，比如，他可能正在写作业，刚吵过架的父母会戳着他的脑袋说，你看你写的这是什么，你怎么这么笨，这么简单的题目都弄不明白；在外面逛街的时候，乔治想吃一个冰激凌，会被父母指责他不够懂事，只懂得向大人一味地索取……在无数次的亲子互动中，父母总是会用自己的行为向小乔治传递一个信息：你太过糟糕了，你总是让人失望，不配我们好好对待你。在乔治的记忆中，不仅父母对他不够关爱，在学校里老师也对他不怎么友好，原因是乔治的学习成绩太差。于是，当他和别的同学闹矛盾的时候，老师都会先批评他，为什么不把心思放在学习上，而对别的同学的过错视而不见。实际上，老师也在用自己的行动对乔治表达不满：因为你成绩差，所以我不喜欢你，要想被我喜欢，就得提升学习成绩才行。

父母和老师对乔治的态度，对于小小的乔治来说，都代表着

拥抱，是一种既简单又温暖的接纳

无法反抗的权威，他无可奈何，只能通过“认同”的方式将这些挑剔自己的部分内化。这样乔治的内在就分裂为两个部分：一部分是他自身所拥有的、纯净而真实的自己；另一部分是被父母和老师等权威塑造了的自己，这个“自己”是不被自己接纳的、挑剔的和排斥的。后者让成年后的乔治内心始终装了一个“魔鬼”：父母和老师等权威形象的内化，在时时刻刻给自己找碴儿、挑自己毛病、觉得自己不够好、不能接纳自己不好的那一部分。

成年后的乔治虽然离开了学校，远离了那位老师，父母年纪也不小了，不再去批评他了，但是他们的行为却变成一个“魔鬼”的形象，一直幽居在乔治的潜意识中，只要找到机会，便会冒出

想要维护一段好的关系，真实比讨好和付出更重要

来对乔治进行各种攻击。而机会在哪里呢？从乔治在社交中的表现中来。

乔治在人际关系上，一直处于较为敏感的状态，尤其是当外界展现出对他稍加怀疑、批评或者排斥时，他会表现得异常不快，甚至愤怒。而他又不敢轻易将这种“不快”和愤怒发泄出来，很多时候也只能自我消化。渐渐地，他开始变得自卑，害怕与人接触，他患上了社交恐惧症。

其实，在乔治体内一直住着一个愤怒且胆怯的受伤的“小孩”。他的愤怒貌似是朝向外部的世界，朝向那些批评、怀疑或者排斥他的朋友、同事、亲戚，但实际上，这种愤怒是朝向他自己的：是心中的那个喜欢批评自己的“魔鬼”被外界的质疑、批评或排斥所唤醒，然后开始各种挑剔自己，挑剔自己不够好，挑剔自己不被爱。痛恨外界不爱自己，同时也痛恨自己不被爱，这是他在人际关系中愤怒来源的一体两面。但是，他内心又是胆怯的，不敢将这种愤怒发泄出来，而是不断地去压制它。所以，在乔治漫长的人生旅途中，他似乎知道自己内心经常被一个“魔鬼”撕裂着，但他不明白这个“魔鬼”的真面目是怎样的，它究竟源于哪里？如何才能将它驱赶？在极长的一段时间里，他不得不和这个“魔鬼”共舞，在相当漫长的成长道路上，听从潜意识中这个“魔鬼”的指挥，时不时地向他人发脾气，还会时不时地挑剔、否定和指责自己。

那么，在现实中，乔治该如何去治愈自己呢？那就是学着去接纳内在那个被排斥的、不接纳的“自己”，从而最终与完整的自我达成和解，慢慢地剥夺“魔鬼”对自己的主导权。成年后的乔治，走进了心理咨询室，他想要试着治愈自己。

乔治问道：“如何才能好好地接纳自己呢？”

心理咨询师答：“这是一条漫长的路，因为你已经习惯了二十多年的行为模式，不会在顷刻间就被瓦解，你可能需要通过一段新的良好关系，内射一个好的客体，从而试着去剥夺内在魔鬼的主导权。”

乔治问：“那该是怎样的一种体验？”

心理咨询师道：“你闭上眼睛，用心感受你内在的魔鬼是什么样的？”

乔治说：“好像能看见，它是冷漠的、严苛的、张牙舞爪的……”

心理咨询师问：“这很好。那你能看到被它批评和指责的自己是什么样的吗？”

乔治说：“有些无助、害怕、慌乱和不知所措。”

心理咨询师问：“那在当下，你最信任的人是谁呢？或者说，让你感到最舒服的人是谁呢？”

乔治说：“是我现在的女朋友，她是个特别温柔的女人，无论遇到什么事，她总是会冲我笑，不过，我总是会在无意间伤害她！”

心理咨询师说：“好的。那你现在就做一件事情，把这个魔鬼的形象换成女友的形象，看看是怎样的感受？”

乔治沉默了一会儿说道：“貌似没有那么冷漠和无助了，心中好像有点儿光亮了，它只是冲着我笑，不再挑剔我了。”

心理咨询师说：“对，就是这个体验。”

这只是一次简单的精神分析疗法，即帮助受伤者去感受和发现藏在潜意识中的“魔鬼”，并且通过置换角色，帮助治愈者重新获得一种内在自我整合的体验。当然，有一次这样的体验，并不一定能根治内心的“魔鬼”，但是想要与“魔鬼”和解，总要首先看到它，才能慢慢地驯化它。如果你与乔治一样，总被因无法自我接纳而被冲突困扰，希望你也有能力看到自己内心的“魔鬼”，并和它说上一句：我不需要你再继续来审判我、挑剔我和指责我了，我觉得自己真的很不错。

## 心理小课堂

接纳自己，就要从感受自己当下的情绪开始，无论这种情绪是好的还是坏的。即当情绪袭来时，你可以闭上双眼，感受到它的存在。比如在社交活动中，当恐惧袭来时，你可以试着让它慢慢地涌上心头，看着它一点点地走近自己、围绕自己，然后你也试着去拥抱它，使得它慢慢地消退。一段时间后，你的恐惧症状就会减轻许多，内心也会变得平静起来。

## 摆脱负面思维，提升自我体察能力

前面我们说，“社恐”人士经常会陷入一种负面思维，比如，“别人一定看不起我”“他一定觉得我很笨”等。多数时候，“负面思维”就像是一个不断自我实现的预言，“社恐”人士越认为自己会遭人嫌弃与讨厌，就越会在和别人相处时敏感于别人对自己的态度。有时，他会认为别人的闲聊、一颦一笑都与他有关，甚至认为别人都在议论、嘲笑他。这样，他就更加坚定自己不讨人喜欢的信念。其思维越消极，行为也就越发不断地退缩，最后变成恶性循环，直到没有人真的愿意接纳他。所以，对于“社恐”人士来说，找出并且改变那些负面的想法，对预防内心的恐惧有十分积极的意义，也有利于打破这种恶性循环。

当然，要改变内在负面的想法，最重要的就是要有情绪的自我觉察能力，即当自我情绪发生变化时，我们要懂得去及时体察自己的感受，试图去挖掘内心究竟是如何想的。

一名高中男生患上了极严重的社交恐惧症，他的父母带他到心理咨询室进行治疗，心理咨询师给了他一个系统的治疗方案，其中一个步骤就是懂得去体察自我内心的恐惧。有一次在课堂上，这位高中生在做作业时，无意间抬头看见了讲台上的年轻女老师，而女老师也正在看他，他就担心老师会误会他对老师有好感，瞬间内心开始不安和恐慌起来，各种担心也涌上心头：老师是不是误会我了呢？以后我该怎么和老师相处呢？老师如果真误会我对她有好感，会如何对待我呢？……这时，他就开始体察自己内在的恐惧，以尽快地让自己从负面思维的困境中走出来。

他开始问自己：我的各种“担忧”源于哪里呢？他意识到自己曾被心理咨询师诊断有严重的“余光恐惧”的症状，他的“恐惧”就源于此。但是他也知道，余光根本不可怕，可怕的是自己的内心太过敏感。余光是人的一种本能，就好像运动后会出汗一样，越是与之对抗就越会让自己变得失控。自己的各种“担忧”只是自己凭空想象出来的一种虚幻的场景而已，老师对自己的看法并没有发生什么变化。老师的眼神根本没那么可怕，很多同学也许都有被老师审视的经历。经过这样的自我觉察，那位男高

能真正将人推入黑暗深渊的，往往是各种负面的想法

中生的内心开始变得平静起来，从根本上卸掉了自己的精神负担。

心理学认为，个人的情绪障碍是由自身的思维、信念所引起的，没有人能使你陷入“恐惧”，除非你自己愿意。所以，对于“社恐”人士来说，自己才是“恐惧”情绪的制造者，而多数时候，你的恐惧是因为你内心的各种负面思维所带来的。但与此同时，自己也是“恐惧”情绪的主宰者，我们每个人都具有调节自身情绪、避免陷入不必要的情绪困扰、掌控与运用自身情绪的能力。但是要拥有这项能力，先要有自我觉察的能力。对于“社恐”人士来说，及时体察自我情绪具体是指，当“恐惧”产生的时候，你要问问自己：这些恐惧是哪些负面思维带来的？我当下究竟在恐惧什么？我的恐惧或各种担忧究竟从何而来？如果“恐惧”可以讲话，它会和我说些什么呢？这件事情对我来说意味着什么呢？……坚持这样去做，你就能停止精神内耗，获得内心的平静。对于“社恐”者来说，这也只是自我治愈的一个重要环节。

### 心理小课堂

自我体察力，像是一个放大镜，甚至是显微镜，可以照出我们内在的情绪是如何滋生并发展变化的，也可以让我们摆脱一些“负面思维”的纠缠。当然，要真正拥有自我体察能力，就要保持一颗敏锐的心，当自己内心的情绪有变化时，自己能够快速地感知到。

## 直面内心的恐惧，敢于暴露自己的缺点

莎莎是一位社交恐惧症患者，她只要和别人在一起就会焦虑和紧张，找不到话题，不知道如何与人很好地沟通。尤其是与异性的领导在一起时，情况会更严重。她为此总是回避社交，公司的活动、同学聚会等，她也总是找各种借口逃避。她每天过着单调的生活，没有业余爱好。在工作中，她也尽量不与同事说话，除了正常的工作交流外；在私下里，她总是形单影只。但她还极力保持着“高冷”的姿态，生怕别人发现她内在的孤独和无奈，这种痛苦，没人能体会。

她很想改变自己，也曾试着去融入人群，但每次当她试着与人沟通时，她内心总是出现各种否定的声音：社交本是我最不擅长的，我不知道找什么样的话题；我是一个情绪极不稳定的人，会被人瞧不起的；我不懂社交技巧，什么都做不好……总之，每当需要承担自己的角色任务时，这些自我攻击就会冒出来阻止她

生命中总有“不完美”，那是光透进来的地方

去行动，最终她会向自己妥协：自己还是不要去做了，免得搞砸了让人笑话。进而又开始蜷缩回自己的小世界中，拒绝与外界再接触。而这种自我蜷缩带来的后果就是，她发现自己越来越糟糕，越来越不善于社交，别人对她的社交表现也越来越不满意。每当发现别人对自己有一丁点儿的不满意时，她又会对自己说：“我果然是应该远离人群的人，我根本不应该来这里，什么都做不好，别人对我的讨厌又增加了一分！”……

莎莎的经历告诉我们，她陷入了一个“负面预言”的死循环。她想融入人群，但因为恐惧而选择回避，回避后又越来越觉得自己不行，觉得自己不行招来的结果是其他人对自己的表现真的越来越不满意。这是大多数“社恐”人士都曾遇到的问题，她本来想改变自己，但因为要免除恐惧，所以就与恐惧达成了妥协。他们甘心放弃一切，最终成了被“恐惧”支配的奴隶，只要能获得安全，就绝不反抗，而不断妥协的结果就是让自己的社交恐惧症越来越严重。

因为“恐惧”而选择安全，看似是合理的，却也让自己失去了在痛苦中觉察与了解自己的机会。同时，依赖“安全”的副作用就是社交恐惧的事实没有改变，而我们的内心却越变越弱，以至于之前不害怕的事情现在看起来都变成了灾难。

然而如果莎莎想改变自己，想融入人群的时候能直面内心的恐惧，能自问：我究竟害怕的是什么？别人真正的不满意到底是什么？当她通过分析顺利地回答完这些问题后，并能承认自己的不足，坚持去行动，积极地参与社交，融入人群，并不断地去总结自己，允许自己去犯错，并且能告诉别人自己真心想改变，并希望他人能为自己提供帮助。虽然这样做，她偶尔可能会遭受一些因为错误带来的指责和攻击，但逐渐地，她也会发现：这些指责和攻击是自己必须承受的，并且自己也完全能够承受，它也是人生的另一种体验。那么，莎莎因为“社恐”所带来的痛苦和烦恼就会越来越少。

其实，人生就是一个不断创造美好记忆的过程，如果我们为了获得暂时的“安全”而向恐惧妥协，那我们只能沦为“恐惧”的奴隶，在它的支配下不断地进行自我攻击，“自我”也会变得越来越蜷缩、脆弱。在这种状态下我们将寸步难行，只能依靠抑郁来压制对美好生活的渴望，使生活灰暗无光。

所以，对于“社恐”人士来说，直面内心的恐惧，不逃避问题，当你深陷自卑不敢行动的时候，就反思自己究竟在害怕什么，自己真正担心的是什么。当你想清楚这些后，学着去接纳自己种种的不足，然后通过挑战去超越自我。

总之，你害怕什么就去面对什么，绝不逃避、退缩，这是任何心理疗法都不可缺少的一部分。

## 心理小课堂

直面恐惧，需要破釜沉舟与孤注一掷的勇气，是指我们要主动去面对令我们恐惧的情景，敢于暴露自己的缺点，直面自己的问题。这意味着我们不再掩饰，要敢于在他人面前坦露真实的自我，并承担自己该承担的责任，承受自己该承受的痛苦，并将它们当成人生的另一种体验。

## 打破负面思维：积极行动，主动去探索和求证

“社恐”人士内心的“恐惧”多数都是自己的想象力炮制出来的。而驱散恐惧和焦虑的主要方法，就是让自己行动起来，即用具体的行动去打破各种负面思维，让自己平静起来。

下面是一位“社恐”人士的自救方法：

我自小就是个内向的人，不爱与人交往。到了中学时期，就患上了严重的社交恐惧症。我的主要症状就是害怕与任何人交往，尤其是害怕与人有眼神的交流，害怕被别人关注，也不敢用眼睛直接去看别人……这种状态一直持续到我大学毕业参加工作为止。平时在单位中，我不敢直视他人，总会用余光去留意别人的举动和表情，根本无法控制自己。尤其是领导叫我汇报工作时，我就会显得紧张不安，目光慌乱，不知道看哪里，面部表情极为僵硬……在工作中，我总觉得自己什么都不够优秀，让人难以接受。有时

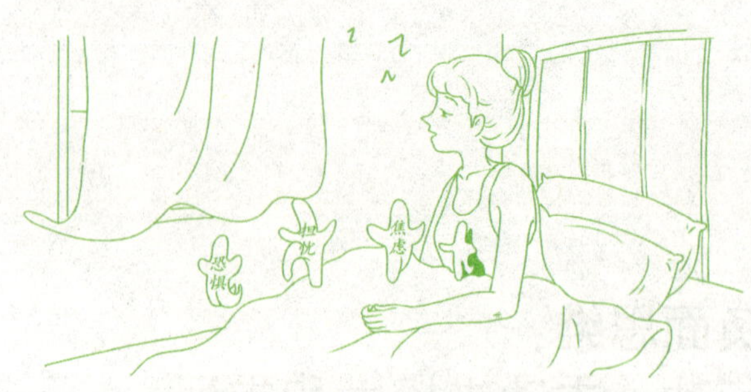

行动起来，你内心的负面情绪就会消散

候对着镜子，我都会感到自己好陌生，也不知道怎么才能与别人正常交流，过上正常人的生活。我茫然没有方向，更多的时候会深感绝望。每次与人接触时，脑中总会涌现各种各样的负面想法，这些想法总是会让我想方设法逃离人群，因为我不想伤害他人，也担心被人伤害……后来，我去看了专业的心理医生。在心理医生的指导下，我开始慢慢地改变自己。在以前，每当与人交流而恐慌时，我只是沉浸其中，却从未反思：我头脑中涌现出的想法是正确的吗？对方的眼神真的有那么可怕吗？别人看我，是不是因为我某方面的优点而欣赏或赞赏我呢？我担心的一切是想象还是事实呢？现在我会问自己以上问题，有时会将这些问题写出来，然后给出理性的回答。如此一来，我内心的恐惧便减轻了不少。后来，我的症状缓解之后，我会让自己行动起来，比如，我会去问问对方对我的印象如何，对我有着怎样的看法，等等。当我真正行动起来之后，我的“社恐”症状便减轻了许多，我不再害怕与人交流，开始慢慢地参加群体性的社交活动，开始学着与同事打成一片……

上述这位“社恐”人士已经有了自我觉察的能力，即当社交恐惧袭来时，会感知到它的存在，并用一些理性的思维去打破那些虚幻的负面思维，进而采取行动，去询问其他人对自己的看法和态度，让自己慢慢地走出社交恐惧症的泥潭。所以，在现实生活中，“社恐”人士应该培养积极的“理性思维”，同时，更应该培养自己的行动力。无疑，这些都是“社恐”人士自救的有效方法。

所谓的积极的“理性思维”更在乎事实和证据，它能有效地打破非事实的“负面思维”。我们要知道，自己脑中的想法并不是事实，因此自己在社交中产生的任何想法都是可以被分析和质疑的。比如，一些“社恐”人士一走到人群中，就会觉得大家都在关注他，但这个时候，如果你能及时感受到自己的恐惧源于此，并且告诫自己，这只是自己的感觉而不是事实。同时，还可以拿出事实来说服自己：第一，自己并没有过分地装扮，多数人的目光是不会被一个普通人所吸引的；第二，自己不是什么名人，大家为何要盯着自己看呢？这只能说明自己所恐惧的一切，都是因

我们做任何事，终极目的就是满足自己深层次的需求

为自己的内心太过敏感而产生的幻觉而已，这也从侧面说明自己潜意识是渴望被人关注的。

同样地，如果你总是认为自己是个毫无价值的人，总是害怕别人“瞧不起自己”而恐惧与人交往。那么，这说明在潜意识中，你是一个渴望成功的人。你也可以尝试培养自己的正面思维，你自以为的“没价值”根本不是事实。你可以找与自己比较亲近的人去问问：我身上有哪些优点？别人一定会从你意想不到的角度告诉你的价值。比如，你在工作中的表现可能欠佳，但在爱人眼中你是非常完美的伴侣，这就是你的价值；在父母面前，你也许算不上好儿女，但在孩子眼里你是个负责任的好家长，这也是你的价值。每个人其实都是有价值的，只是你没有从其他的角度来欣赏自己。当你真正行动起来后，别人的看法就会改变对你的一些看法，会让你懂得从多方面审视自己。慢慢地，你的一些悲观的思维方式可能会被打破，“社恐”的症状也就能得到有效缓解。

从心理学的角度来说，一个害怕被他人关注的人，其潜意识是渴望被关注的。渴望被人关注，但又因为排斥自己，无法接纳自己不完美的一面，内心的冲突也就产生了。所以，一个总是害怕被人关注的“社恐”人士，内心真正恐惧的并不是别人对自己的关注，而仅仅是自己内心冲突的一个外在投射。

## 脱掉“假自我”的外衣，展现“真自我”

全然地接纳自己，就是要脱掉“假自我”的外衣，向人展现出真的自我。心理学家武志红说：“‘自我’有两种：一个是真自我，一个是假自我。真自我的人，其心理与行为都是从自己的感觉出发；而假自我者，他的一切价值都是围绕着别人的评价而构建。有真自我的人，他们清楚地知道自己要什么，并且即便自己没要到什么，他仍然有一种内在的自我价值感。而假自我的人，无论他的欲望看起来有多么强，其实不知道自己要什么，他要的，都是别人要的，只是，他希望自己要得更多更好。若实现了，他就觉得自己有高价值，若不能实现，他的自我价值感便崩塌了。”很显然，在社交场合，总表现出“假自我”的“社恐”人士，内在的自我价值感是极低的，他们的一切行为都是为了维护那个虚幻的“假自我”，自我的价值都建立在别人的肯定中。

心理学家埃里希·弗洛姆说：必须让他找到一条新的道路，

画的主题为：活着的沉痛，在于活成别人眼中的自己

激发他“促进生命”的热情，让他比以前能感觉到生命活力与人格完整，让他觉得活得更有意义，这是唯一的道路。人本主义心理学家代表人物罗杰斯说：“所谓自我实现的需要，就是成为你自己。”什么是“自己”？我们该如何成为自己？罗杰斯认为，所谓自己，就是一个过去所有的生命的总和。假若，这些生命体验我们是被动参与的，或者说是别人意志的结果、个人的行为是建立在别人的评价系统中，那么我们会感觉，我们没有在做自己。相反，假若这些生命体验是我们按照自我真实的意愿主动参与的，只要自我价值感不建立在别人的评价中，我们都会感觉是在做自己。这些心理学家都在一致地推崇一件事，你必须也只能从自身的真实情感需求出发，活在自我的价值评判系统中，才能真正地获得自在感和幸福感。那么，自我价值感低、活在他人价值评判体系中的“社恐”人士，该如何修正自己呢？

“真自我”的人，会尊重自己的感觉，不会太为难自己；而“假自我”的人，则会自动去寻找别人的感觉，并围着别人的感觉转，为别人而活，他们对别人的感觉敏感，却对自己的感觉很不敏感

### 1. 提升自我价值感

从心理层面说，自我价值感低的根本原因在于对获得爱的忧虑，尤其是早年原生家庭所带来的缺爱表现。所以，我们要深思自我价值感低的主要原因是什么，是由哪些因素带来的，再具体采用有效方法去治愈。如果你是因为原生家庭缺爱所导致的，那最好能到专业的心理咨询室修补创伤。

### 2. 采用具体的行动提升自我价值感

比如每周写下七个简单的目标，完成目标的打钩儿；每天回想一天最值得骄傲的事情；告诉别人你有多么感激他们，开朗和诚实会大大提升自我价值感；做任何事情，都要尽自己最大的努力，即便是刷厕所或者其他平庸的事；学习一项新的技能或者从事一件你已经向往很久的事情，并且坚持下去；接纳自己，原谅自己的过错……去实施以上行为，当你的自我价值得到提升，你便不会将自己的行为置于他人的评判体系中，便不会做“死要面子，活受罪”的事。

依靠他人赋予和从外界寻求来的“自我价值”总是不牢靠的。一个人如果不能从内心接纳自己的好与不好，就算被人肯定，其得到的依然不是真正的安全感。真正的安全感与价值源于对自我的接纳，而非他人的肯定。

## 别在自己身上贴各种标签

从心理学的角度分析，有社交恐惧的人，经常对自己、对他人有负面的认知。在遇到问题时，他们不是直面问题，而是倾向于自责，给自己贴上标签，认为自己有问题。

一次，艾伦给朋友打电话说，自己这几天都不敢见人了，真是太丢人了。原来，前几天在公司组织的一次心理沙龙活动中，他觉得自己的发言表现很糟糕。但实际上，其他同事对艾伦的发言并没有什么负面的评价，虽然没觉得很精彩，但也没什么不妥的地方，但几天来他一直有强烈的羞耻感。

这种自我标签化的社交焦虑在日常生活中极为常见。就像艾伦一样，他总觉得别人在社交中是大方得体的，只有自己是拘谨紧张、表现不佳的。其实，进入陌生的社交情景，大多数人或多或少都会感到紧张和害怕。但实际上，你的表现真的没有你想象的那么差。

“自我标签化”是一种认知层面的自我概念的扭曲。害羞和社交焦虑的人有两种明显的特质：一是强烈的“公众自我觉知”，即非常关注自己给他人留下的印象；二是敏锐的“内在自我觉知”，即过于敏锐地关注自己的想法和感受。有这种特质的人，常常会因为过于在乎外界的评价而产生恐惧、羞耻、愤怒等负面或消极的情绪，同时在这种消极的情绪下，内在自我觉知会让你倾向于自我批评，产生消极、负面观念，以及表现出不理性的思维方式，从而表现出扭曲的自我概念。所以，对于有社交焦虑的人来说，最重要的“治疗”是改变自己的认知方式，从而使自己摆脱焦虑的状态。

可怜我一身傲骨，却活得狼狈不堪

杰克是刚出校门的毕业生，他各方面都很优秀，就是害怕与人接触。与周围的同学在一起，杰克时常会感到害羞、不知所措。他害怕跟一大群人在一起吃饭唱歌。尤其是大家让杰克唱歌时，他平时自己很会唱的一些歌，到了这些场合，结结巴巴一句也唱不出来。自从大学和同学几次聚会后，杰克再也不愿意出去了，宁愿宅在家里上网聊天。

这天，他来到一家招聘公司面试，准备充分的他胸有成竹，当面试主考官叫到他名字的时候，他走进去，房间里面坐了十多位公司高层管理人员，他一下子感到恐惧，非常紧张，主考官叫他进行自我介绍，他只是结结巴巴地说出了自己的名字，脑袋里一片空白，根本不知道自己在干吗。虽然其中一位管理者使劲为杰克打气，但他还是说不出一句话来，像个做错事的孩子一样低着头。结果可想而知，他没有被录用。

事后，杰克觉得羞愧万分，第二天就把自己关在屋子里开始胡思乱想，一边不停地自责自己没用；一边满脑子都是面试官嘲笑的声音。他甚至还把那位经理温和的笑容想象成邪恶的笑容。“没错，一定是他故意让我当众出丑的。”想到这里，杰克就感到愤怒不已，为这件事他焦虑了好久。从此之后，他更不敢参加集体活动了，包括自己大家庭的聚会，他也很排斥，对周围的人充满了敌意，觉得每个人都在讥笑他胆小，他很想逃，逃到一个没有人的世界中……

杰克从刚开始的社交焦虑彻底变成了社交恐惧。然而，逃避了一时，不可能逃避一辈子。他把自己与世界隔离起来，只会加重其社会恐惧的症状，应该及时进行适当的治疗与就诊。但是，相关人员统计，每10人中就会有1个被社交焦虑所困扰，而主动去就诊者却寥寥无几。这样不及时地寻求帮助只会丧失社会功能或出现严重的人际关系障碍，从而诱发诸如抑郁症等精神性疾病。为此，当生活中，我们发现自己有社交焦虑的症状时，一定别刻意去压抑或独自一个人关起门来默默承受。应该积极地寻找诱发焦虑的原因，进行自我反省或者运用适当的方式发泄出来。具体有以下三点建议让我们远离社交恐惧症，走出社交焦虑的困局。

1. 改变自身的行为

害羞和对社交焦虑者，在社交情境中往往有两种表现行为：有些人很退缩压抑，拒绝与他人交流，在团体中沉默不语；还有一些人则完全相反，他们表现得极为活跃，总喜欢用滔滔不绝来掩饰内心的焦虑，或者不自觉地讨好别人。这样的人，需要通过大量的亲身实践和训练，在二者间找到一个合理的平衡位置。

2. 学会寻求适当的方式宣泄焦虑

害羞和社交焦虑者害怕社交情境，常常会出现脸红、出汗、颤抖、心率过快等不良的症状。这是因为他们认为所有的人都看到自己的不正常，自己的笨拙已昭之天下。其实，这是一种夸大行为。所以，在这个时候，我们要找到一种方式去宣泄这种焦虑感。

比如我们可以通过自我疏导、自我调节来进行排解。首先不要逃避和掩饰，要敢于正视，才能更好地找到消除焦虑的办法。当然如果觉得焦虑程度已经严重到不能自我控制，就需要寻求别人帮助或进行治疗。

### 3. 改变自己不良的思维方式

对备受害羞和社交焦虑症困扰的人来说，他们的思维方式是极具破坏性的。他们需要调整对自我和对他人的不良认知，以及不够客观的自我评价，这是克服社交焦虑的一个重点和难点。

### 心理小课堂

当我们的内心无须掩饰，也将无所畏惧。改变社交恐惧无须努力战胜自己、战胜恐惧，我们只需要回到内在真实的部分。当我们能够一点一点看见真实自我的可贵之处，愿意以真实的面目面对他人时，这份真诚就能彻底消融内心的恐惧。因此，解决社交恐惧不仅是战胜恐惧，更是一种面对真实自我的勇气。

第四章
Chapter4

# 改变自我认知，切断那些控制你的负面思维

造成社交焦虑的一个很大的原因，就是我们的思维认知出了问题。比如，总是过度地关注自我，经常在负面思维的怪圈中不断地自责、自我惩罚，自暴自弃，甚至与真实的“自我”分裂，这就导致了我们虚假自我与真实自我之间持久的矛盾，让自己陷入“自我战争”的深渊，与焦虑相伴。所以，若我们能够通过提升认知，重新审视自己，看待人与事的时候换个角度，改变自己固有的认识，那么就可以切断那些控制我们的负面思维，打破社交焦虑的“恶性循环”体系，从而缓解社交恐惧，甚至治愈它。

## 不善言辞，不是社交的“大敌”

现实中，有这样一群“社恐”人士，他们个性内向，因为觉得自己缺乏社交能力，不善言辞而对社交产生恐惧。所以，在社交活动中，他们极为在意自己的言辞，总是会纠结自己出口的话语是否得体、幽默，是否会被人重视，等等，如果自己的表现没有达到预期的目的，就会变得紧张、自惭形秽，害怕被人嘲笑或排斥。雅恩就有此类的烦恼：

> 我大学时期就有社交恐惧症，大学毕业后的第一份工作就因为不会说话受到领导的否定，那时候的自己极为自卑，觉得自己的社交能力太欠缺了。在学校的时候，觉得自己只要好好学习，把专业知识学好就可以了，其他的都不重要。可真正走入社会后，才意识到社交能力的重要性。每当看到单位中的同龄人能说会道，并能当众侃侃而谈的样子，我就更自卑了。于是，每次单位举行

活动，就是我纠结和紧张的时候……我不擅交际，在酒桌上有不好的表现，就会觉得自己的前途一片渺茫，每次与人交流，总是害怕自己因说错话而被否定！

其实，像雅恩这样，因为担忧自己不善言辞而被人否定或排斥的“社恐”人士，都有一个特点：总是会放大自己的“缺点”，而忽视自己的优点。在社交中，他们会因为缺乏社交技巧而不断地否定自身的价值，让自己变得越来越渺小，越来越不自信，从而对社交产生排斥和恐惧感。

实际上，这类人并非真的一无是处，只是因为他们用了一个不公平的视角与评价体系来衡量自己和别人：总是盯着自己的不足，并不断地放大自己的缺点。同时，不断地放大别人的优点，在这种狭隘的单一的个性比较之下，他们觉得自己成了世界上最失败的人，进而对自己的前途和未来丧失信心，最终使社交恐惧

自卑者总是会放大自己的“缺点”，而忽视自己的优点

症越来越严重。

如果从理智的视角来看，其实很多成功者并不是能说会道的人，比如推销员也许比他们的老板更会说话，却未必有他们的老板成功。很多时候，会说话、善言辞，只能说是人际关系及事业成功的助力，但并不是决定性的因素。退一万步说，就算不善言辞是一个缺点，但谁又没有缺点呢？即使是雅恩所羡慕的那些能说会道的他的同龄人，也有诸多的不足之处。要知道，这个世界上本就没有完美的人，接受本来、真实的自己才是最明智的。所以，这类“社恐”人士要懂得转换视角去重新审视自己，在承认自己不足之处的同时，更要懂得去发现自己的优点。比如，不善言辞可能是你的缺点，但你若是个诚实且让人信赖的人，且如果在社交中，你能向人展示你的这个优点，那么，你有可能会比那些能说会道的人更受欢迎。毕竟，诚实可信是赢得人心最重要的法宝。

## 心理小课堂

通过放大镜来看自己的“缺点”，是因为你缺乏对自己的正确认知。心理学上的自我认知，归根结底指的是“我是谁”的问题。对“自我”有清醒认知的人，不仅明白自己身上所有的特点，也能厘清“自我”与世界和周围所有事物之间的关系。

# 被人质疑和否定，并不会真的贬低你的价值

一些“社恐”人士因为个性较为敏感，所以生活中不敢与人接触，不敢融入人群，是因为害怕别人的否定和不接纳，本质也是自己对自己的否定和不接纳。他们都有一颗易碎的“玻璃心”，外界的任何质疑、否定，都会让他们内心刮起一阵风暴，接下来便是无尽无休的自责和愧疚。所以，对他们来说，不与人接触，

我们终此一生，都在摆脱别人的期待，找到真正的自我

是一种避免自己受到伤害的防御性措施。

在生活中，他们总是过分地在意他人对自己的评价，甚至会用别人的看法来衡量自身的价值。在未参与社交前，他们内心总会编织各种“不被人接纳”的场景，进而心生恐惧，回避社交。在社交活动中，他们也总是十分在意别人对自己的看法，当他们无论怎么努力都无法获得别人的肯定时，整个人就会陷入巨大的恐慌中。此时，别人的肯定就是他们最大的精神支柱。

一位“社恐”人士曾向心理咨询师这样说道：“我的症状主要是当面对一些我觉得无法应对的人或事时，就会陷入焦虑。此时的我，眼睛不敢直视任何人或物，视线会变得模糊。我会觉得身边的人肯定发现了我不堪的一面。此时，我就很想离开现场。平时上班，我也极少与同事说话，同事或上司的观点我几乎不会反驳，而对于他们的要求我也不知道如何拒绝。平时我心情好的时候，会去讨好身边的人来获得安全感。当发现我无法获得别人的肯定时，我的世界像是崩溃了一般，整个人就会陷入巨大的恐慌之中……”

很多“社恐”人士都有以上类似的感受，说明他们将自我价值建立在被人接纳和肯定的基础上，也说明他们缺乏真正的自我接纳的能力。在社交中，他们都有一个共同的特点：用表面的“浮华”来掩盖真实的“自我”，因而活得极累。他们的心理和行为，都不是从自己的真实感觉出发的，他们向外界呈现出的是虚假的“自我”。他们这样做的目的就是获得别人的正面评价，因为只有获得外界的接纳，才能填补他们空洞的内心。

从心理学的角度来讲，他们对“自我价值”的建立和评判都是建立在别人的评价中，而不是建立在自身成长过程中逐渐积累起来的内在自信力上。

如果你是不被人接纳的，或者不去主动接纳他人，那一样是孤独的，孤独就意味着痛苦

要知道，对同一件事物，世界上每个人都有自己的看法和见解。如果为了获得他人的肯定而一味地去迎合，只会置自己于焦虑和痛苦之中，结果不仅会让自己得不到成长，还不一定能让别人对你满意。被别人质疑和否定，不会真的贬低你的价值，就像一张10元的钱，并不会因为它被人踩了一脚就会变成5元。

每个人都渴望拥有和谐的人际关系，受周围所有的朋友喜欢；都希望自己能够在交际场上如鱼得水，收放自如，但是我们做任何事都不可能让所有的人满意，不可能让每个人都为我们赞叹。通常的情况是，你以为自己照顾到了每一个人的感受，可还是会有人认为你忽略了他，甚至根本不领情。每个人的利益是不一致的，每个人的立场，每个人的主观感受都是不同的，我们要想面面俱到，不得罪任何人，也就是想讨好每一个人，那是绝对不可能的！所以，我们要做的，就是将对自我的评判权收回自己手中。

## 心理小课堂

毕业于哈佛大学心理学专业的莫妮卡·A.波尔在其著作《如何活出自主人生》中说过，拥有健康的自我价值感，才能主宰自己的人生。在她看来，拥有健康的自我价值感，需要三步走：深入了解自己；肯定并接纳最真实的自己；为自己设置底线，勇敢说“不”。

## 不要总拿自己的缺点去和别人的长处比

生活中，有一些人会因为太过自卑而恐惧社交。他们总觉得自己处处不如别人，是一个失败者，在人前抬不起头来，所以不敢轻易与人交往。即便是参与社交，也会表现出胆小、害羞、怕生等反应，不敢轻易与人搭讪，即便是面对主动与他们交流的人，也会表现出慌乱和恐惧来。

张菁是一位“社恐”患者，她毕业于名校，长相也不错，但总觉得自己处处不如别人。在工作中，尽管她的能力不弱，表现也不差，但她从不认为是自己足够好，反而觉得自己的工作是人人都能做好的。

她的同事都是高学历人士，每次公司聚餐，面对这些人，自卑感便会如排山倒海一般扑过来，让她喘不过气。在张菁心中，同事的眼界、胸怀、格局、学识、见识，还有他们的“圈子”、谈吐、能力都是自己望尘莫及的，在他们面前，她总觉得自己低人一等，那种渗入骨髓的自卑感日夜折磨着她，她几近崩溃。所以，无论在工作中还是在社交场合，她几乎不敢和她眼中的“精英人士”说话，生怕别人看不起她。

因为没有朋友，她内心隐藏着的巨大的自卑感无处诉说。她每天都被这种巨大的精神纠结折磨着，尤其是每个午夜，辗转反侧之际，那些不甘人下的念头和自卑感相互撕扯着，如暴风雨来时的乌云一样铺天盖地地朝她压下来，让她不堪忍受。

因为自卑，觉得自己处处不如别人，有的人总是会强迫性地重复一个行为，那就是不断地否定自己、攻击自己和惩罚自己。导致一个人形成自卑心理的原因是多种多样的，比如，后天持续性的失败，让他产生了强烈的挫败感——在一些重要场合被人持续否定；童年时期曾被父母严厉地批评、质疑等。当一个人从别人口中听到关于自己的负面评价，并让这些评价进入自己的潜意识中时，就等于在“内化”它们，负面评价的内化会让“你是”变为“我是”，不仅严重地损害个体正确的自我认知能力，还会让人对个体的生存方式以及个人价值产生一种负面预期。这就是自卑心理产生的基础。

自傲与自卑都表示心灵的软弱无力

对于因为“自卑”而恐惧社交的人来说，树立一个正确的思维认识非常重要。首先，我们自己要对成功、失败和个体的价值等这些东西有正确的认识，要认识到每个人对成功、失败、价值的评价尺度和标准都是不同的。其次，不要总是拿自己的缺点与别人的优点进行对比，或者总是盯着比自己优秀很多的人来评判自己的一切，这样的评判只会是片面的、偏激的，对树立正确的自我认知无益。

成功和价值往往与一个人对自身的期望有关，当你总是幻想大的成功时，就很难看到自己的小进步。当你总是幻想自己是最优秀的那一个而迟迟无法如愿时，你就会否定和排斥自己，甚至会攻击自己。因此，很多时候，并不是你不好，而是你对自己的要求太高了。

## 心理小课堂

自卑者往往会从外在寻找自我价值感，比如，外在的成功、表面上的名利等，其实一个人的自我价值感并非来自外部，而是根源于内心，比如童年时期因父母无条件地接纳而形成的稳定内核。原生家庭父母无条件地接纳，会让一个人树立“无论我怎样表现，他们都爱我，我都是有价值的”的自我认知。长大以后，这样的人才不会惧怕失败，才敢于尝试，因为他的内心有满满的自信。在自信力的加持下，一个人也不会向他人呈现出“假自我”的样子，从他人的认可中获得自己的价值感。

# 别想多了，多数人都会尊重你

生活中，还有一类“社恐”人士，他们有着害羞的个性，在他人面前总是表现得很腼腆，说话容易脸红，与人交流时眼神躲闪，也害怕被人注视。在社交时，不敢轻易发表个人观点，讲话时声调很低，即便在私下场合，也常常压抑自己的想法和感受，他们通常给人留下的印象是毫无主见、过于紧张、乏味沉闷，好像害怕受到批评的小学生，有些神经质。

比利是个害羞的男孩，有社交恐惧症。那一年，他全家迁往新泽西州，他惴惴不安地进入了一个完全陌生的环境，在当地，居民们用不同的语调和口音交流，而他作为外地人，口音和那里的所有人都不相同。在学校里，只要他一开口讲话，就会立即被一些同学模仿和嘲笑。他感到非常窘迫，非常害怕开口讲话。课堂上讨论问题时，他从不参与；被老师叫起来回答问题时，他总是低着头，声音小得如同蚊蚋，脸颊涨得通红，双腿不自觉地颤抖，有的同学见他如此害羞，忍不住大笑。

长大以后，比利仍摆脱不了童年的阴影，每次讲话他都目光闪躲，习惯性地小声附和别人的观点，当别人问他对某个问题有什么看法时，他总是支支吾吾，半天都组织不好语言。有时他不知道手应该放在哪个位置合适，无论是放在膝盖上还是放在桌子上，抑或是自然下垂，他都觉得很不妥，因此经常变换手的位置，让人觉得非常莫名其妙。由于他太过害羞和忸怩，人们都不喜欢和比利交往，比利的朋友屈指可数，很多时候他都是形单影只。

害羞者不能镇定和坦然地面对别人，总以为别人会发现自己的不堪，头脑被他人的负面评价占据着。比利因为童年受到嘲笑，成年后对嘲笑充满恐惧，认为只要自己表现得有一点不得体，就会遭到侮辱。在正常的社交场合，他不仅坐立不安，甚至不能正常地和他人交流，给人一种羞涩和困窘的印象。

被抛弃的"自我意识"在长大后会形成一种恐惧感，使之无法应对生命中的未知性，这种恐惧感便构成了极度害羞的特征

实际上，害羞者与内向、自卑者一样，是因为曾经不被人接纳的

经历，比如被人嘲笑、讽刺等，内心有创伤，才导致了如今的心理特点。还有一些是原生家庭造成的伤害，比如，在童年时期经常被父母所忽视，或者被父母训斥、批评、打骂等，都会让他们在潜意识中认为“自己是不被接纳”的。在内心深处，他们看不起那个胆小、怯懦、无能的自己，渴望脱胎换骨，变成强大、勇敢、自信、迷人的“高手”，当他们塑造“超我形象”失败时，就会加倍地憎恨和鄙夷自己，这往往会造成自我认知的紊乱，甚至令其陷入极端负面的情绪难以自拔。

因害羞而对社交产生恐惧，最重要的心理治疗方法就是去接纳自己，增强自信心。同时，还要纠正自己的一些负面想法。比如，你总是担心别人会嘲笑、否定你，实际上，你所幻想的糟糕的社交场景基本不会出现，生活中的多数人都懂得去尊重别人是一种社交礼貌。

俗话说：“人非圣贤，孰能无过。”我们都会犯这样那样的错误。如果你还不能理解的话，请想一想你会怎样对待你的朋友呢。与朋友相处过程中，你会不会因为他做错了一件小事就嘲笑他、鄙夷他，乃至抛弃他？恐怕你不会这样做。作为朋友，你更可能去包容他，接受他，帮助他。那么你也应该用这种态度对待你自己。你应该相信：“即使我有缺点，我会犯错，但并不代表我一无是处。其他人很可能不会对我的错误介意。即使别人对我的错误无法容忍，也不代表我没有任何价值，只是说明我需要改正罢了。”

另外，改变害羞的性格，除了要在自我认知上解决好内心的冲突外，还要认真地倾听自己心灵深处的声音，要弄清自己的思维脉络，记录自己害怕和担心的情况及让你感到不安的场合，有针对性地纠正自己的害羞心理。比如，试着放松自己的身体，不要让自己的身体紧绷；灵活地使用肢体语言，与他人见面时友好地握手，交谈时正视别人的眼睛，不要像心虚一样回避他人的目光，时不时地点头微笑，让别人知道你在倾听他们讲话，并且赞同他们的观点；尝试用正常的音量和音调发表自己的观点，不要事先想象或揣测别人的反应，而要运用正面的联想来消除自己紧张焦虑的情绪——设想一下，自己侃侃而谈，对方被自己不俗的谈吐吸引，你们交谈得非常愉快……以此增强自己的社交自信心。

## 心理小课堂

在字典中，害羞被定义为“因胆怯、怕生或做错了事怕人嗤笑而心中不安”；在英语中，害羞被定义为“对别人的出现感到不自在”。事实上，害羞的人更容易患上社交恐惧症。多数情况下，害羞可能产生于我们错误的行为方式，只要能够掌握正确的行为反应方式，比如，主动去参与社交，多多掌握一些社交技巧等，便能减轻自己对社交的“恐惧感”。

# 别沉浸在想象中，没有人会故意去针对你

生活中，有一类“社恐”人士，他们有着一颗敏感而易受伤的心，会因为害怕被人关注、议论而对社交产生恐惧。在社交中，他们也极容易因为别人的一句话而心生忧虑；他人不经意间的一句话便会让他们思索良久，他人一个无心的动作便会让他们思索对方是不是在针对自己，自己究竟是哪里出了差错，很轻易便对号入座……对外界种种的负面“猜测”，让他们总在患得患失中对社交产生恐惧。

安妮是一家企业的职员，有社交恐惧症。她是个极为敏感的女孩，对别人讲的事情，总是会产生各种各样的负面联想。在平时的生活中，她根本无法按照字面意思去理解别人说出的话，总觉得对方是在有意无意地嘲笑、讽刺或针对自己。在工作中，同

事一句无心的话，能让她难受好几天。尤其是领导跟她讲话时，她总是会想东想西，会忍不住去猜测领导话语的背后意思，她不仅白天想，到了晚上躺在床上还会忍不住各种瞎琢磨……总之，任何事情她都能想出一些不好的可能性。无尽的焦虑、煎熬和痛苦总是围绕着她，她真的觉得自己已经撑不住了。

对于安妮来说，她做什么事情或说什么话都可能是战战兢兢、不自信的，为了避免被别人嘲笑或讽刺，她的神经末梢一直都是“暴露在外”的，在这种持续性的紧张环境中，安妮总觉得有人要伤害和羞辱自己。她的过度敏感、羞怯及对别人的缺乏信任也是她努力保护自己不受到伤害的必然手段，可惜同时也是毫无效用的。造成她这种敏感个性的原因，有可能是她曾经遭受过他人持续性

敏感的人容易有太多假想敌，到头来会发现，唯一的敌人只有自己

的否定和批评，尤其是其成长过程中遭遇了不和谐的家庭氛围，这是滋生敏感个性的温床。自小生活在父母争吵环境中的孩子，总是被父母否定、训斥和嘲讽的孩子，自小缺乏爱、父母总是回避或忽视其内心感受的孩子，长大后很容易变得敏感和自卑。不和谐的原生家庭，父母不够稳定的情绪，突如其来的家庭变故，等等，都会让孩子的情绪长期处于紧张中，总是患得患失，总是在猜测父母今天的心情如何，自己做些什么才可以让父母开心，如何才能不被父母抛弃，如何才能不让他们分开，等等。他们一直不停地思考，为了体察家庭中的一切，他们的神经系统必须高度紧张，久而久之，便形成了脆弱与敏感的心理。在这种环境中生活的人，极容易患上社交恐惧症。

因为太过敏感、多疑而对社交产生恐惧的人，要想缓解这种恐惧感，一方面要转变自己的负面思维；另一方面，也是最为关键的，要懂得去治愈自己心灵上的创伤。要知道，在社交中，每个人都有说话和表达观点的权利，多数时候，大家只是在正常地表达和交流，并不是在针对某个人。

在社交活动中，个性敏感者总是喜欢对别人的言行进行过分解读，一旦解读出不好的信息，就会产生不好的心理感受。而解决这一问题的办法就在于，大胆地将内在的心理感受说出来，让别人知道。比如，别人开玩笑说："你怎么不说话呢？难道是表达力欠佳？"这个时候，不要去过度地猜测别人是在鄙视你还是关心你，而要大胆地表达自己的感受："我觉得没有必要表达就不说话了，你尽管表达你的观点就行了呀！"

大胆说出自己的心理感受，让别人知道你的想法，你也能更进一步知道别人的想法，这样信息交流就会表现得更具体更详细，你也就不必把信息放在心里独自分析。

当你因为敏感而产生一些灰暗或消极的想法时，就要懂得移情，即让自己的注意力转移到其他想法上。切勿让自己长时间地陷入一种想法当中，因为当我们专注于一种想法的时间越长，大脑就会不断地搜集相关“证据”去佐证这个想法，加深我们对于这个想法的感觉。所以，在生活中，当你发现自己深陷于一种想法时，那就让自己暂停，学着去转移注意力，找些其他的事情去做或去思考一些有助于个人成长的积极正面的想法。

# 利用你强大的“想象力”，重建自信

不可否认，自卑是造成人社交焦虑的主要原因，比如，见人紧张、不敢注视别人和被人注视、一说话就脸红、内心多疑等，都是因为内在的自卑所带来的。所以，对于社交恐惧症患者来说，建立自信，祛除内心的自卑显得极为重要。

心理学家指出，许多人之所以对社交产生焦虑，皆是因为内心深处无法确立充满自信的“自我”。不能从“我”的立场自在地调度观念事实，是一种心态的内弱病症。用通俗的话来说，多数人的社交焦虑都是自己发达的“想象力”炮制出来的，他们无法从事实的角度去面对和解决问题，为此，我们也可以利用自己发达的想象力，对它进行训练，暂时切断内心与外界的联系，暂时洗净一切外在的标准和旧有自卑的心理痕迹，使注意力聚集于一点，渐渐使全身心只有一个自信，甚至是目空一切的“我”。

一位武术高手，体格健壮，武艺超群，曾经在私下较量中打败无数武林高手。但是每逢公开登台比武时，他却笨得连自己的徒弟都打不过。这位高手很苦恼，去向一位禅师请教。禅师见面后便说："你今晚就在庙中过夜吧，在睡前，你可以进行一场想象力方面的训练，你要将自己想象成一波巨大的波涛，你不是一个怯场的练武者，而是那横扫一切、吞噬一切的巨浪。"夜晚，这位武术高手便开始尝试将自己想象成一波巨大的浪涛。起初，他的思绪如潮，杂念纷纷。不久，他心中便有了较为纯正的波浪涌动感，夜越深而浪越大，浪涛卷走了瓶中的花、佛堂中的佛像，甚至连房屋都吞噬了……黎明前夕，只见海潮翻涌，一切都不见了。天明之后，这位高手充满自信地站了起来。也就是从这一天起，他成了战无不胜的武术高手。

在现实生活中，很多人在社交中表现得自卑、拘谨，多源于对外界实际反馈的担忧，或是被与任务无关的纷繁思绪占据心房。若能运用正面的想象力，暂时切断与外界的联系，滤除杂念，清空心灵空间，"自信"必然会乘"隙"而入甚至占据整个

一个缺乏想象力的人，将不可避免地会被幽闭在自己的世界中

空间，“自信”经“扶持”而渐渐强大后，人也就不会陷入自卑和羞怯了。生活中，类似上述事例中的想象力训练的内容有：海潮、人潮、大风、大火、高山、领袖等。要想摒除自己的一些不良的思绪习惯，就要运用一些积极的引导力量。

确立充满自信的“自我”，有四个基本的想象步骤：

### 1. 确定你的目标

选定你想拥有的某样事物，努力为之工作或创造。那可能是一种职业、一幢房子、一种关系等。最好选择一个容易实现的目标。这样就不必费力地对付我们身上的否定性抵抗力，让自己尽快找到成功的感觉。

### 2. 创造一个清晰的念头或者图像

我们可以创造一个事物或场景的念头或者内心的图像，并尽可能地使细节更完满。你也许还可以通过一幅真实物质上的图像，比如绘一张图，尽可能地将你所想的全部细节都画下来，这样就可以给你现实的心理需求得到满足的感觉。

### 3. 经常集中精力去冥想它

经常使你的念头或内心的图像浮上脑海，这样它便会成为你生活的一个组成部分，成了一个真实的存在。

在一个随意的时刻，清晰地集中冥想。别刻意去努力，投入太多的能量将会对你的冥想造成阻碍而不是帮助。

### 4. 给予它积极的能量

当你全神贯注于自己的目的时，用一种积极的鼓励方式去想象它，向自己做出强有力的积极的叙述：它存在着，它已经来临了，或正在来临。想象着你正在接受或获得它。这些积极的陈述即为“自我肯定”。当你进行自我肯定时，尝试着暂时中止你可能会有的任何怀疑或不信任。继续这样的想象，直到你达到目的，或再没有这样的愿望时，再停止。

当你达到一个目的时，要有意识地提醒自己。

很多时候，人的注意力就像聚光灯一般，它照进你意识的哪一块，哪一块的神经联结就会得到强化。因此，强化你对注意力的控制能力是优化和重塑大脑与意识的最佳方法。如果人的意识得到强化，那么，人的情绪属于意识的一部分，情绪也能得到最大限度的稳定与强化。从这个意义上讲，提升注意力也是平衡情绪的良方之一。

# 你若能接纳最坏的，就不必再去恐惧什么

多数时候，社交恐惧症者焦虑的其实不是社交本身，而是在社交活动中有可能发生的各种“未知的窘境”，他们恐惧的是出现窘境后的可怕后果。要摆脱这种焦虑恐惧，可以尝试运用“卡瑞尔公式”，即接纳最坏的，往最好的方向去努力，这样你就再也不会有什么损失，也很容易释然。比如社交焦虑者在参与社交之前，对将可能出现的最为糟糕的结果进行预测并去接受这个结果。然后，以自然的状态去参与社交，那么，他的恐惧可能就会减轻许多。很多时候，当你接受了那个最坏的结果后，往往会发现实际结果并不赖，那么，这可以大大地增强你的自信心，而你对社交这件事也就不会再感到害怕了。

几天前，婕妮收到一条信息，高中时期的同学要组织一场聚

所谓的共情，就是我深深地碰触到了你的感受，进入你的世界，感你所感，想你所想

会，并邀请她参加。接到这条信息后，婕妮的第一反应便是：绝对不参加。她有社交恐惧症，害怕去人多的地方，因为她觉得自己根本不擅长社交，所以害怕跟别人聊天时出现尴尬的场面，比如接不上别人的话茬儿，害怕别人看出她的焦虑和紧张。她害怕别人误会自己不喜欢对方，也害怕别人认为她小气，她害怕看别人，也害怕被别人关注……后来，同学们大都报名参加了那场聚会，可唯独少了婕妮。几天后，高中时期的班主任在班级群里公开喊话婕妮，力邀她参加，还说起了同学们在高中时期的诸多趣事想唤起她的亲切感，最后，好多同学都在班级群里向她发出了邀请，盛情难却，婕妮只好在无奈之下答应了下来。

但是，在参加聚会的前几天，婕妮就陷入了不安之中，她觉得自己的表现一定会很差。但是为了不让自己到时候太过尴尬，她想到了自己可能会遭遇的最糟糕的几种局面，比如，几句寒暄之后，她就无话可说了，她开始紧张，结果令大家都很尴尬；她无法加入同学们的话题，独自一个人尴尬地坐在那里……她对自己说，如果是出现以上状况，最坏的结果就是全班同学都知道我是个社交恐惧症患者，这其实没什么大不了的，如果是这样，我还不如提前告诉大家我的真实情况……于是，她在同学群中发了一条信息，告诉大家自己有社交恐惧症，到时候请大家多多包涵！没想到，她刚发出信息没多久，就有几位同学跟着响应：我也有社交焦虑……我正在治疗的过程中……这让婕妮顿时轻松了许多，对聚会的压力也没那么大了。

那天，婕妮按时参加了聚会，但没有出现她预想的各种尴尬的场景。因为大家都知道她有“社恐”，对她的种种紧张的表现也给予了理解，并且给了她许多劝慰。对于婕妮来说，那是她参加过的最轻松的一场多人社交活动。那场聚会，婕妮收获的不仅有同学情，还有对社交的自信心。

懂事、怕麻烦常常来自绝望，包括对情感的绝望，对人际的绝望，对爱的绝望

提前做好心理建设，焦虑便会缓解很多。如果在事先做了最坏的打算，那么能一定程度上减轻自己对社交的压力。到时候，你就会表现得比平时自然得多，你内心的焦虑也会“缴械投降”。这样也会让你将注意力聚焦到真正的社交活动中去，也往往能取得比预期更好的结果。正如心理学家武志红所说：“真正的能力，建立在关系中。你必须深入到关系中，放下自己的种种成见和预判，去碰触事物本身的道理，尊重事物本身的存在，而不是将你的想象和判断置于事实、真相之上，这样你才能和事物建立起关系，并且，你会乐意放下‘我’，而去尊重事物的本质与规律，从而有真正的能力与创造。”

## 心理小课堂

最令人焦虑的并不是要发生什么，而是不知道要发生什么。做最坏的打算就是对这种焦虑做出的一种心理防守，正如卡内基所说：“当你学会接受了最坏的结果，你才能把专注力放在当下，不计结果地努力，这样得到的结果往往是最好的。”所以，当你因为不可预知的未来而焦虑不安时，不妨先对你的行动作一次预测，做出最坏的打算，那么你所有的心理障碍都将得到清除。

# 提升钝感力，让一切随他去

社交恐惧症患者，最应该提升的一种能力就是钝感力。顾名思义，钝感和敏感是相对的。钝感力就是对周围一切的反应都没那么敏感，包括周围人对自己的看法和评价。渡边淳一在《钝感力》这本书里说："我对别人的评价和嘲讽没那么敏感，甚至有点迟钝，别人对我的评价影响不大，我只关心自己进步了没有。"如果说敏感力是一种外在的洞察力，那么钝感力则是一种内在的坚持力。过于敏感、心思细腻之人，很容易受到情绪的影响；外界有一点风吹草动，他们就会方寸大乱。而收获钝感力的人，能够拥有"任他风吹雨打，我自岿然不动"的格局和能力。与其说钝感力是一种能力，不如说它是一种修炼，一种贯穿于人生始终的修炼。所谓修炼钝感力，就是让自己获得一种真正不被外界环境左右、不被他人影响的能力。

哪个人前不说人，谁人背后无人说

《士兵突击》讲述了许三多从“孬兵”到“好兵”的成长历程。初入伍时，许三多不是一个多么合格的战士，他招战友的嫌弃、抱怨。由于木讷、笨拙，许三多在新兵连没有训练好，分部队时被分到了红三连二排五班——一个看守输油管道、方圆二十里没有一个人的地方。那里仅有四个人，内务乱七八糟，没有军容军纪。可傻傻呆呆的许三多没有受影响，每天除了保持整理内务，还坚持修了一条几代老兵都没有修过的路。那是一件从来都没人做过，也没人想着做，没人知道如何做，没有人知道值不值得去做，却有人不屑做，有人害怕做，有人消极做的事情，而许三多充满激情地做了，因为他有“心理障碍”，因为他知道活着就是做有意义的事情。对许三多来说，修路就是有意义的事情，于是他每天坚持到野外拣石头，背回来用锤子铺平，就像对待艺术品一样认真、执着地铺砌了一条通往哨岗的路，铺就了一条“心灵之路”。

那几个被安置在荒野五百里无人问津的战友，因为许三多执着地搞内务、铺路，他们心灵深处压抑很久的东西终于被激发，以往每天“混日子”的方式，以往每天所做的“无比快乐”的事，突然间变得不是滋味了，他们再也“快乐”不起来了。心态的微妙变化让安于现状的战友们感到不安，他们无法面对自己矛盾的心理，唯有迁怒许三多。他们偷偷地把锤子收起来，试图阻止许三多铺路，甚至叱责许三多“犯魔怔”，以发泄他们内心的矛盾与不安。

为了不拖三班后腿，也为了能让班长留下，许三多一下子做了 333 个腹部绕杠，他终于在连队里有了自己的地位。在随后的日子里，许三多总是很努力、认真甚至较真儿地去做每一件事情。在演习中，因为他的“穷追不舍”，让袁朗发现了他这个不可多得的人才，为之后许三多入选特战部队埋下伏笔。

许三多有句口头禅：“俺要做有意义的事，有意义的事就是好好活，好好活就是做有意义的事。”其实他所谓的“有意义的事”，也许就是一些无关紧要的小事，但是他都尽自己最大的努力做到最好。他对战友真诚、友善，有许多人都不理解，有的人甚至叫他“傻子”，可他不去在意别人说什么，只是默默地一个人依照自己的方式去诠释着其对生活的独特见解。他独守营房半年，自己坚持每天训练，每天打扫，让仅有一个兵的连队成为全团卫生标兵，他无视任何“潜规则”，不会因为别人的脸色不好而放弃自己的看法，对周围的一切“不友善”都不介意，做任何事情都按照自己的真实想法去做。

许三多是一个钝感力极强的人，这给了社交恐惧症患者一个重要启迪：在生活中，如果我们能真实地做自己，全然地按照自己的意愿去行事，完全不在乎周围的环境是怎样的，周围人的看法是怎样的，那么，又怎会对社交这件事感到焦虑呢？

所以，提升自我钝感力是极为重要的。那么，在现实生活中，我们该如何去做呢？

其一，自我认知。认清自己，对自己有客观的认识，清楚地知道自己的优势与劣势，坦然面对外界的评价，不因正面评价而骄傲，不因负面评价而自卑，这样就能保持平常心，坚持走自己的路。

其二，自我激励。善于找到自身的闪光点，寻找成就感的来源，发现能够激发自己自信心的任何细节和小事，以此不断激励自己。

其三，自我和解。与自我和解是获得钝感力的关键，这是一个接纳自己，与自己握手言和的艰难过程。在自我和解的过程中，

当我们过于在乎别人的看法时，我们就丧失了自由，“自我”的力量也就越来越弱，最后变得对外界的变化过于敏感

你可能要不断地根据现实情况，对内在价值感的来源进行再定位；要学会与不受自己左右的事相处；要从个人视角中走出来，用更广泛、全局的视角看待事情；要在无法自我和解时承认自己曾经伤害过自己，并愿意理解那样做的自己……当你最终接纳了真实的自己，无论未来面对工作生活的多少遗憾，你的内心都会平和、充盈和有力量。

人生在世，哪个人前不说人，谁人背后无人说。这样算起来，我们每个人其实都置身于“流言”中。但路是自己的，人生也是自己的，不必太在乎别人对自己的看法。任何人的看法与建议都不能从实质上改变什么。真正对自己有清晰认知的人，是能正视流言、有所取舍的人，这样的人才能更真实、快乐和惬意地活着。

# 第五章 Chapter5

# 运用心理调节法，提升内在自信力

克服社交恐惧的过程，其实就是通过自我心理调节、改善自我行为的方式去逐步建立主观自信和客观自信的过程。你在生活中明确自我认知，学会接纳自己的同时，需要掌握一些有效的心理调节方法，如森田疗法、冥想、运动等。它们能帮助你提升心理能量，提升自信心，培养正向的思维力，缓解社交焦虑。

美国著名的心理学家罗伊·马丁纳博士指出，我们本身要为创造内在的祥和负责，没有人能为我们达成这个目标。在生命中塑造出内在的祥和与和谐的唯一方法，就是让自己更接近自己的心灵。而心理调节法就是让人通过减少内心的冲突，获得心灵的平静，从而用心灵的力量来有效地控制情绪，缓解自己的社交恐惧症。只要你肯尝试，并将它转化为一种能力，那么你的人生将会发生惊喜的改变。

# 森田疗法：顺其自然、为所当为

森田疗法是一种“顺其自然、为所当为”的心理治疗方法，该方法主要适用于由压力带来的焦虑症、恐惧症、强迫症、疑虑症、神经症性睡眠障碍等。它对于社交恐惧症的指导意义在于，它会告诉我们接受社交中的“胆怯、紧张、心理不安”这一既定事实，不要把其当作身心异物加以排斥，而是要带着紧张、胆怯像正常人一样交际，顺其自然，为所当为，使症状在不知不觉中消失。

作为森田疗法的创始人，森田正马教授认为，有焦虑症、恐惧症、强迫症、神经症性睡眠障碍等症状的人常常对自身生理与心理方面的不适感极为敏感，他们的内省力很强，且很担心自己的身体健康。他们常将一些正常的生理变化误认为是病态，过分地关注自己与周围的不适应之处，所以常使自己陷入焦虑之中。社交恐惧症患者很多就属于这一类人。如果他们能够顺其自然地接受与服从事物运行的客观规律，正视自身的消极体验，客观地接受各种症状的出现，将心思放在应该做的事情上，那么他们的心理动机冲突就可能排除，痛苦自然能够减轻。

一个人会对某些生活场景产生“恐惧”，如果他在参与社交时，极力地克制自己，强迫自己不去想各种“失误”，那些画面反而会在他的头脑中挥之不去。但如果他能顺其自然，不强迫自己，那些场景反而不会频频浮现。

一位青春期的女生，总是害怕与异性接触，因为每当与异性接触时，她脑海中就会闪现出一些画面，比如与异性接吻、身体接触等让她感到羞愧的画面。她觉得自己太不正常了。于是，每次与异性接触，她都极力地克制自己不去想那些画面。但每次她这样强迫自己时，那些让她感到羞愧的画面总是会频频“跑”到她的大脑中来。而如果此时，她将自己的这些反应看成“自

不必太过在乎别人的看法，坚定“自我”，令其知难而退

然”的现象——她是一个情窦初开的女生，脑海中出现那些与异性相关的联想画面也很正常，这是她这个年龄段的必要经历……同时以顺其自然的心态与异性社交，那么，她对异性的恐惧可能会得到缓解。

森田疗法就是要求人们不过多地关注自己所恐惧的事情，而是本着自己原有的想法，顺其自然地去做该做的事，以减轻内心的冲突。对于社交恐惧症患者来说，害怕见人没关系，该见的人还是应该去见，即带着恐惧与人交往。为所当为，即要直面你想逃避的一切。无论这个过程要承受怎样的痛苦与无奈，都需要去面对这一切。

人本身也存在一定的自然规律，如情绪是我们对事情本身的自然流露，情绪本身有一套从发生到消退的程序。如果你接受它，遵循它，它很快就可以走完自己的程序，反之则不然。顺其自然就是不要去在意那些有“自然规律”的情绪或者念头。当情绪来的时候，我们只需将自己注意力放在客观的现实之中，该工作就去工作，该学习就去学习，该聊天就去聊天，即去做自己应该去做的事情。也许刚开始的时候，我们会感到痛苦，但是只要自己相信它们终会自然地消失，并努力地做好自己当下该做的事情，那么，这种情绪就会在我们认真做事的过程中不知不觉地消失。

## 心理小课堂

森田疗法要求患者记日记，并将写着每天活动内容的日记拿给治疗者看，同时要将笔记本的三分之一区域空出来供治疗者用红笔做批注。比如：患者在日记中写道："今天我因为对某项工作即将出现结果忐忑不安，心脏不舒服，我想不工作了，需要休息！"医生会批注："不可逃避，不要去理会不安的心情，要继续工作。"或者劝告："恐惧突然来临，回避的话，会令你越来越痛苦。"……通过写日记，治疗者可以掌握患者日常生活的具体情况，再将它导入治疗中，也可以让治疗者去具体指导患者的具体行为，帮助患者将以情绪为中心的心理状态转变为以行动为中心的心理状态。

## 运动疗法：提升你的心灵能量

运动疗法，即通过运动去释放紧张感和焦虑感，唤醒身体和心灵的能量。从根本上说，一个人产生社交恐惧，多半是因为自信力不足。因为自信力的缺失，他在社交中总是表现得多疑、敏感，不敢面对他人的质疑、否定和批评，这也是他心灵能量不足的一种体现。而运动可以通过唤醒身体和心灵的能量，增强我们的自信力。同时，人在运动的过程中，大脑会分泌内啡肽，这能让人产生畅快、快乐和满足的感觉，提升我们的幸福力，排解我们内在的郁闷、痛苦、焦虑等负面情绪，让我们更愿意与人接触或参与社交。

日本作家村上春树有一本书叫《当我谈跑步时，我谈些什么》。他说，“我作为一位真正的严肃作家的生活，始于开始跑步的那一天。”那是1982年，他跑步的初衷只是想减掉因戒烟而产生的赘肉。之后的三十多年里，他都坚持着这个习惯：每天写作4小时，然后跑约10千米。

“开始跑步后，有那么一段时间，我跑不了太久。二十分钟，最多也就三十分钟左右，我记得就跑这么一点点，便气喘吁吁地几乎窒息，心脏狂跳不已，两腿颤颤巍巍。因为很长时间不曾做过像样的运动，本也无奈……但坚持跑了一段时间，身体便积极地接受了跑步这件事，与之相应的，跑步的距离一点点地增长。跑姿一类的东西也形成了，呼吸节奏变得稳定，脉搏也安定下来。速度与距离姑且不问，我先做到坚持每天跑步，尽量不间断。

“就这样，跑步如同一日三餐、睡眠、家务和工作一样，被组编进了生活循环。成了理所当然的习惯……

恐惧是生命的萎缩，而运动是生命的扩张

“跑步对我来说，不但是有益的体育锻炼，还是有效的隐喻。我每日一面跑步，或者说一面积累参赛经验，一面将目标的横杆一点点提高，通过超越这高度来提高自己。至少是立志提高自己，并为之日日付出努力。我不是了不起的跑步者，而是处于极为平凡的水准。然而这些问题根本不重要。我超越了昨天的自己，哪怕只是那么一丁点儿，才更为重要，在长跑时，如果说有什么必须战胜的对手，那就是过去的自己。”

跑步是一种最基本的运动，从村上春树的感悟中，可以得知，运动可以让自己不断超越昨日的自己，而这个超越的过程，就是心灵能量提升的过程。运动可以让人重新洞察和审视自己，更好地了解和认识自己，提升自身的意志力……而这些，都是有社交恐惧的人需要努力去做到的。所以，身为一个“社恐”人士，与其宅在家里自怨自艾，不如试着走出家门去运动。如果你能突破自己，到户外畅快淋漓地奔上几千米，你的人生境遇也许会得到大大的改观；如果你能将“到户外去运动”这个项目坚持下去，你的社交恐惧症也许能得到有效的缓解甚至治疗。

那么，在现实生活中，我们该如何将“到户外去运动”这件事坚持下去呢?

### 1. 在心情不佳的时候，尝试跑步

对于不经常动运的人来说，刚开始出去奔跑绝对是一件极痛苦的事，所以很难开始。但当你心情不佳时，与其被坏情绪折磨，不如穿上跑鞋，立即开启一段跑步。一开始，你可以跑得慢一些，

等你开始出汗，心率加快，坚持几千米后，停下来便能体会到那种畅快淋漓的快乐的感觉了，那些坏情绪已经被一扫而空。当有了这次绝佳的体验后，你便有了下一次乃至下下次跑步的动力。

### 2. 注重仪式感

如果你刚开始运动，最好固定好具体的时间及要运动的地方。如果你是已经运动一段时间的，那么不妨固定好自己每周的运动频次与每月的运动目标，比如每天晚上 7 点，某某公园。到点了，你就立即穿上跑鞋出门，将跑步这件事看成一个雷打不动的约定！当你有了许多次良好的体验后，便会对跑步这件事上瘾。

### 3. 如果你觉得坚持是一件极困难的事，那不妨以打卡的方式督促自己

你可以在社交平台打卡，每次想偷懒的时候就会告诉自己：不行，不跑今天就不能打卡了；你也可以找一些熟悉的朋友在线上一起打卡，比如，在微信群里，每天看看大家都付出了多少努力，有一群正能量的小伙伴非常重要。

### 4. 奖励

这是激励自己的一个方法，比如，当你累计跑到 100 千米，可以去买一双好的跑鞋；当你累计跑到 500 千米时，去买一套新的运动服之类的。当你拿到给自己的奖励的时候，就会有新的动力去努力。

### 5. 不断地用其他人坚持跑步的优秀事例去激励自己

如果你觉得自己最近充满了负能量，对跑步这件事丝毫提不起兴趣，这个时候，你可以去看一些激励视频，或者去听一些关

于自律的励志演讲。当你看完、听完它们，内心便会被激发出一股力量，你可能会告诉自己：无论如何都要出去跑一跑步。要想达到目标，你可以失败，但绝不能放弃。

## 心理小课堂

心理健康贴示：一、积极思考。我们应该关注积极的信息，多关注成功的案例和好的事物，而不是纠结在不如意的事情上。二、关注身体健康。身体是革命的本钱，我们应该追求健康的生活方式，保持健康的身体状态。三、与积极的人交往。我们应该和志同道合、有共同目标的人交往，这样能够激发我们的积极性，乐观面对生活。

## 旅行疗法：提升你的“认知”，开阔你的视野

旅行疗法，即通过外出行走，感受大自然的气息，来唤醒身心正能量的一种疗愈方法。“社恐”人士的一个心理特点，就是总是过分地将注意力集中到“我”的身上，在自我的狭小世界中患得患失、惊慌恐惧。外出旅行，亲近大自然，是转移“自我”的注意力和不良情绪的一个好方法。

心理学上认为，大自然是最好的疗愈师。当你被负面情绪控制时，不妨到鸟语花香的地方走一走，看一看，晒一晒太阳，心情就极容易好起来。人之所以会患上社交恐惧症，多半是因为对“自我”的不接纳，身体、心灵和精神无法合一而导致的。大自然是人类最好的疗愈场，它能即刻让我们回归到自然状态，让我们体验到身体、心灵和精神合一的愉悦感和畅快感。

另外，旅行能让人多一些见识，丰富人生阅历，进而能让大

身体和灵魂，必须有一个在路上

脑多一种思维方式。面对生活中的人与事，“社恐”人士总是容易钻牛角尖，觉得自己的人生只有一条路可走。而当你走出去，你大脑中就会多了些思维方式，看问题便会更加全面和客观，这便对你的社交恐惧症有积极的治疗作用。

张潜是个社交恐惧症患者，他害怕跟陌生人交往，害怕去人多的场合，有时甚至害怕出门。他曾这样评价自己：我已经完全习惯了一个人的世界，就像装在套子里的人，离开熟悉的环境，我就没有安全感，甚至恐惧。我喜欢做一个透明人，没人看见我……

张潜的父亲是个旅行爱好者，喜欢四处游走。一个暑假的早晨，张潜跟随父亲，背上背包，开启了他的第一次旅行。等他们走到郊外的小树林，张潜才发现，早晨的郊外原来这么美。他的脚踩在松软的泥土上，路边的草打湿了他的鞋子，周围的空气散发着青草的味道……他感觉自己与大自然有了联系。一会儿，他与父亲登上一座小山，看着初升的太阳，张潜沉浸其中，好像浑身都散发着光芒，感受着一种难以形容的喜悦，同时心底也涌动着不可名状的力量。

自此之后，张潜也爱上了旅行，他说，旅行中的夕阳、海洋、山川、溪流、鲜花、鸟鸣等，都可以帮助他重拾与大自然的联系，享受大自然赋予的疗愈力量。让张潜感触最深的是，每次旅行之后，那些曾经因为社交而产生的畏惧情绪就会减轻很多……慢慢地，他可以跟旅途中的任何人打成一片……

所以，对于“社恐”人士来说，与其待在自我狭小的空间中变得思维禁锢、自我退化、胡思乱想，不如勇敢地走出去，到大自然中去疗愈自己。

当然了，这里所说的旅行并不是简单地到一个陌生的地方，赶车、睡觉、拍照、吃、逛、看，更不是指你约几个朋友，费老大劲，翻山越岭地到了“远方”后，只是在风景秀丽的地方围坐，无聊地玩几天手机或打扑克。如果这样，你只能感觉到发自内心的累。真正的旅行，是行走与游玩的结合，是在旅行中感受不同的风土人情，了解不同的社会环境。

愿你能勇敢地走出去，让外面接连不断的“变化”打破你僵化的思维，唤醒你那被生活消磨沉寂的灵魂！

## 心理小课堂

在旅行中，“社恐”人士可以有意识地去参观一些艺术展览会。因为艺术也是一种有效疗愈方法，尤其是表达性艺术，比如艺术涂鸦与创作、雕塑、戏剧等。因为人类在艺术创作的过程中，会自然而然地流露出潜意识的动机，而我们通过对个人艺术创作的解析，去发掘和读懂内在的潜意识，便能达到疗愈的目的。

## 催眠疗法：安抚内心，建立积极、正面的思维方式

催眠疗法是指催眠者运用暗示动作或者暗示语言等手段让被催眠者的意识发生改变从而进入一种休眠状态的技术。当我们受到某种连续、反复的刺激，尤其是语言的引导，我们会从平时的意识状态转移到另一种意识状态，而在这种状态下，会比平时状态更容易接受暗示，这个过程就是“催眠”。对于社交恐惧症患者来说，运用催眠疗法，一方面可以有效缓解恐惧，另一方面，可以改变认知，让他从负面思维中跳出来，通过暗示，令其建立正面的思维。

从生理上讲，催眠能使人的体温、血压降低，身体的节奏放慢，从而可以使我们获得休息，聚集能量。从心理上讲，催眠法可以使我们暂时从困难、焦虑、痛苦等负面情绪中分离，使我们有机会以新的眼光去审视周围的人与事，也使我们有机会走入自己的内心深处，找出潜意识中的恐惧之源，进而运用合理且有效的方法去治疗自己。

我们不是不能疗伤，而是无法将过往抹去

催眠有五个基本的特征：放松、集中精力、静止不动、五官感觉的高度警觉、眼睛快速运动。

催眠的过程很简单，基本操作分为五个阶段，每个阶段的时间不长，阶段之间自然相连：

1. 准备阶段：此时尽可能选择舒适的方式坐下或者躺下，尽可能地排空大脑中繁杂的想法，不要思索任何事情。

2. 诱导阶段：在催眠师的暗示下，从清醒和警觉状态进入某种身心放松的状态，直至处于似睡非睡的状态。

3. 加深阶段：在这个时期，身心得到进一步放松，然后完全进入催眠状态。此时被催眠者的意识、思维已经变得很微弱。

4. 目标阶段：在这段时间里，可以达到被催眠者所想要的催眠目的。比如，如果你的目的是减轻心理压力，祛除内心的不安感和焦虑感，那么此时的你会感到全身格外放松、心情格外愉悦。

5. 苏醒阶段：即被催眠者开始慢慢地回到清醒的状态，意识开始恢复正常。

很多人认为，催眠需要靠他人帮助才能进入状态。其实不尽然，催眠其实是一种心理体验模式，它完全可以靠自我来完成，这个过程被称为“自我催眠”。

自我催眠是指以个人的身体为焦点，通过某些方式，比如想象、凝视或放松等转移人的注意力，使其达到全神贯注、平息内心杂念的目的。这就如同大人用嘎嘎作响的玩具去分散一个正在哭闹的婴儿的注意力一般，一旦那个婴儿把注意力转移到玩具上面，他不但会停止哭泣，还开始笑了。在一个人进入催眠状态、精神力高度集中的那一刻，他会感到眼前的世界开始发生变化，他的焦虑、忧虑等负面情绪似乎正在消失，他正敞开心扉迎接新生活的到来。

心理学上有一个名词叫：自我实现的预言。即指如果相信自己行，你最后就能行；如果怀疑自己不行，你就会退步

下面介绍一种简单易行的自我催眠法，可以有效地调节内在的负面情绪。

自我催眠三周速成法：

**第一周：**

从当天开始，连续一周，每天晚上睡前平躺在床上，做深呼吸，直到内心彻底平静下来。

然后在心中默念：“每一天在各个方面，我都会越来越好。”你在默念时，想象着自己变得越来越好的样子。你每念一次，变好的情景就变得更逼真一些，每天重复十次。

继续进行深呼吸，想象自己变好的情景，慢慢入睡。

**第二周：**

保持上周的睡前自我催眠。靠坐在有靠背的椅子上，平视前方，进行深呼吸。缓缓地呼吸 3 次后，闭气 3 秒，闭上眼睛缓缓吐气，感受身体的放松状态。

脑海中尽可能什么也不想，持续 2 ~ 3 分钟。接着想象眼前有个大屏幕，上面的数字逐渐从 1 变到 25。保持这种状态，直到自己希望醒来。

默数 1、2、3，睁开眼睛，暗示自己此刻感到头脑清楚，全身充满活力。

每天进行一两次。

**第三周：**

首先，保持第一周的睡前自我催眠。找一张小卡片，将右脑开发的目的写在上面，如增强记忆力、改善人际关系中的调控能力，或者祛除繁乱的生活状态、不被焦虑缠绕等。

其次，进行如第二周的坐式催眠，但将平视的前方改为凝视这张小卡片，进入催眠状态中，在心中反复诵念小卡片上的标语。

最后，依照第二周的苏醒方式走出自我催眠状态。

生活中，我们常说的“催眠状态”，是指催眠术中被催眠者进入的一种特殊的意识状态。在此状态中，被催眠者受到暗示的概率明显提高，能与催眠师保持密切的感应关系，会不假思索地接受其暗示指令；催眠师则能按计划调控被催眠者的感受阈限和忍受阈限，使被催眠者出现其在清醒状态下不可能做到的反应。

## 冥想疗法：切断“自我”与“恐惧”之间的关系

社交恐惧症患者，在社交中，总会有以下烦恼：会因为别人一句难听的话而焦虑，会因为别人打断自己的话而感到难以忍受，会因为别人多看自己一眼而惶恐不安……不可否认，这些情绪的产生，主要在于“社恐”人士太过执着于“我”。对此，我们可以尝试一下“冥想疗法”。西方一位有名的冥想疗法的忠实“信徒”曾说过这样一段话：冥，就是泯灭；想，就是念头、思虑。冥想就是把你要想的念头、思虑给去掉。可以说，冥想就是去除心灵污尘，给心灵洗澡的一种心理疏解方法。我们每天可以抽一点时间，以一个简单的动作进入冥想，整理我们纷乱的思绪，暂时忘却工作，忘掉烦恼，进入一种全新的忘我的境界之中。从这个角度来讲冥想就是调整内心的节奏、驱除烦恼，达到一种忘却当下的“无为”境界的一种心理调节方法。

心理学家指出，人在冥想过程中，脑电波会变得异常安定，心情也会变得逐渐平和，全身的肌肉会变得放松，人体内的内啡肽、多巴胺等激素的分泌反而会越来越活跃，人体的免疫力就会逐渐地得到加强。另外，在冥想过程中，我们会在不知不觉间让自己变得更客观、更安定，以更积极的态度面对现实世界。同时，在此过程中，我们的记忆力、思考力、创造力也会得到提升。成功的冥想能够有效地清除我们大脑中所有分散精神力的东西，包括紧张、不舒服、烦恼、疼痛和恐惧等。一名有着几十年冥想体验的练习者说，长久的冥想可以让人产生更高的警觉性，使人的心智更为成熟，让人拥有更敏感的知觉。

可以说，冥想是用心灵的变化去影响身体机能，调整人内在的状态。在现实生活中，社交恐惧症患者完全可以尝试运用这种疗法，缓解自己的症状。

一名社交恐惧症的年轻患者去看医生，说自己在社交方面出现了问题，已经无法正常地上班了。诊断后，医生察觉到他的心理出现了极为严重的问题。

医生问年轻人：“你喜欢哪个地方？”

“不知道。”年轻人答。

“小时候你最喜欢做什么事情呢？”医生接着问。

“我最喜欢到海边听海浪声。”年轻人说道。

“那你拿着这3个处方先到海边放松一下吧，但必须在早上8点、中午12点和下午3点3个时段打开这3个处方，并且按上面写的去做。”

于是，这名年轻人便来到了海边。

第二天早上8点，他打开了第一个处方，上面写着“用心聆听”。年轻人开始用耳朵去聆听海浪声，听不同海鸟的叫声，听沙蟹的爬动声……一个崭新的世界向他伸出双手，让他整个人都静了下来。他开始沉思，心灵也开始放松。

中午时分，已经陶醉的他在清醒之余打开了第二个处方，上面写着“回想”。于是，他开始回想自己儿时与家人在海边拾海贝的情景。怀旧之情扑面而来。下午3点时，他在温暖与喜悦之中打开最后一个处方，上面写着“回顾你痛苦的根源”。这是最困难的部分。年轻人开始粗略地回顾生活、工作中的每一件事情、每一个状况甚至每一个人。他痛苦地发现，他太敏感了，太在意别人对自己的看法了。在工作中，他从未把注意力放在工作上，

冥想，就是给心灵除尘去污

而是聚焦在自己身上，总想着让所有人都认可自己。实际上，这是不可能的，他找到自己的病因了。

最后，年轻人感到自己轻松了许多，对生活重新燃起了激情和希望。接下来，他开始期待进行第二阶段的治疗，并争取让自己早日重返职场。

对于社交恐惧症患者来说，在做这个冥想训练的时候，要尽量降低内心“我”的知觉。当你真正地摆脱自我，与这个世界联系在一起时，你就能更为平和地看待周围所发生的一切，切断“自我”与烦恼的联系。

为此，你可以尝试以下训练：

### 1. 学着去解读自己

生活中，我们对情绪其实一直都是有喜好、有要求的：希望快乐能永驻，恐惧、焦虑能远离，最好永远别登门。高兴的时候，我们是如此的喜欢与赞赏自己！而痛苦、忧伤的时候我们又是如此的烦恼。你从来没有无条件地理解过自己，又如何去奢望别人能理解你呢？所以你不接纳自己时，也会经常去排斥他人。所以，冲突和焦虑便来了。要想内心恢复平静，就要学着运用冥想法去解读自己。你可以尝试这样的练习：

找一个安静的地方坐下，闭上眼睛，仅仅作为一个观察者，从不带有任何评判的视角，去观察你的情绪和思维。让思维像放电影一样在你的脑海里流过，你则做个“局外人”，只在那里看着它，感受它，不对其做好坏对错的评价。在里面待着，仔细看看痛苦具体是什么样的，痛苦时你的身体有什么样的反应。你哪儿最不舒服，就首先观察和感受哪儿，仔细体会这个不舒服（或疼痛）的感觉。沉下去，细细地体会全身每一寸肌肤、每一个细胞的感觉。

坚持做下去，你的心灵就会相信，不管你现在是怎样的状态，你对自己的爱始终都在。

### 2. 跳出自己的角色去观察对方

找个幽静的地方坐下，努力跳出自己所承担的角色：你是无任何身份的观察者，然后再试着与人进行接触，你会发现不管是社会地位比你高的还是比你低的，某种技能比你好的还是比你差的，你和他都是平等的。当你以旁观者的眼光去评判对方的时候，你会发现对方身上有诸多你以前从未察觉到的好品质，这时你的心情便能释然。

比如，试试以下的冥想：

在你和上司说话时，看着他的眼睛，心里想象自己不再是他的下属或员工，是一个和他没有任何关系的人。你头脑里两个人没有任何身份上的差别，你心里不再有惧怕他、想要讨好他的感觉，只需要看着他的眼睛，听他说话，观察他的表情，任由你本能的情感和动作流出，说你想对他说的话。你会发现，其实你的上司有自己的魅力。此时，你与他之间的种种冲突与不快仿佛消失了。以此类推，你可以对身边的亲戚朋友做这个练习。如此坚持下去，你的人际关系会有一个良好的改善，也不再因为与他人发生冲突而郁郁寡欢了。

## 心理小课堂

在很多人的观念中，冥想就是静坐在一个地方，闭上眼睛，通过有效地调整呼吸，尽力将心灵排空的一种状态。其实，冥想是指人身心达到的一种境界，一种在平稳、宁静、舒适的姿势之中，将意识集中导向无限的本体之中的心理境界。聆听身心的窃窃私语，能使自己了解体内发生的一切。当人在冥想的时候，其意识中所呈现的东西，或许可以让一个人品味出人生、生活的真谛。

## 暴露疗法：提升对社交焦虑的耐受力

暴露疗法就是将心理疾病患者暴露在某种刺激性的环境中，使患者产生耐受和适应力，让患者暴露在痛苦的实境中进行治疗。对于社交恐惧症患者来说，让自己暴露在能引起自己焦虑、恐惧的各种不同的现实刺激性情境中，并且在暴露期间有目的、有步骤地使其产生强烈的反应，并且坚持到焦虑反应有所缓解为止，使之对所焦虑、恐惧的社交场景“脱敏”。比如，有人会对与陌生人交往产生恐惧，那就让他主动参与陌生人较多的活动，让他先逐渐地适应这种环境，再试着与陌生人打招呼，最后当面交流，这个过程就是将他完全暴露在恐惧中，直到他对恐惧产生耐受力为止。

玛丽因为长期遭受社交恐惧症的折磨，只好暂时放弃工作，在家休养。在此期间，她做了心理方面的咨询，并向心理医生说出了自己的痛苦。原来，玛丽是一个爱害羞且很容易脸红的人，她总是担心会在公众场合出丑而害怕参加任何聚会，甚至惧怕进入社交场所。

实际上，玛丽在小时候就个性拘谨、内向，不擅长社交，但问题并没有如今这般严重。她告诉医生，自己的社交恐惧症很可能是中学时期遭受校园霸凌所导致的。那时候，班级里有一位高个子同学，个性霸道，很多同学都害怕他，玛丽也不例外。

有一段经历玛丽留下了深刻的印象，也给她的心灵造成了巨大的阴影。那是初一时期发生的事，班主任为了惩罚她听课走神而让她站在教室中央。玛丽在全班的注视下感到害怕，开始哭泣并脸红，那个高个子同学开始嘲笑她，之后，全班的孩子都开始跟着起哄，开始嘲笑和谩骂她。自这件事后，玛丽开始非常害怕被人看到自己脸红的样子，她对此感到十分焦虑、恶心，几乎无法开口说话。在症状最严重的时候，她甚至无法正常面对自己的家人和朋友。

在生活中，她会穿高领的衣服，或是用头发遮住自己的脸不被人看到，还会尽可能地逃避出席任何聚会或进入任何社交场所。再后来，玛丽参加工作了，她还是害怕与人接触，每次与人交流都会有过度的焦虑感，多数时候还会脸红。

医生在了解了玛丽的经历后，开始对她进行了系统的治疗。在此过程中，玛丽的自我认知也发生了巨大的变化。

第一步，玛丽改变了自我认知，在与他人交流时，她不再执着于自己是否脸红。在治疗开始前，玛丽只想掌握让自己不再脸红的方法，但是医生让她尝试了几次刻意去控制自己脸红的练习后，她意识到，脸红本就是一种正常的生理现象，无法通过意识来控制。同时，她也知道了，控制脸红不是她治疗的主要目的。

想要学会游泳，你得先跳进水里；要克服恐惧，你得先正视恐惧

第二步，玛丽意识到在与人接触时，出现脸红的状况并没有自己想象的那么丑陋和糟糕。在此过程中，医生为她安排了暴露疗法，即通过行为暴露练习，让玛丽在小组成员面前做一次完全脱稿的自我介绍演讲练习，并被要求在演讲前预测自己的表现。在演讲开始前，玛丽预测自己会非常焦虑，浑身发抖、心悸，无法控制语速，说话内容毫无逻辑，并且自己的脸会涨得通红，像是一个怪物。但是，在演讲完成后，玛丽发觉整个过程并没有她事先预料的那么糟糕。一开始她确实会感到焦虑，但是随着演讲的进行，焦虑感慢慢变弱甚至消失了。

同时，心理医生也将玛丽演讲的内容全部录了下来，并在演讲后放给玛丽看，她对自己的表现感到意外：“未曾想到，原来在演讲中我的表现是那么正常，我原本以为自己的表情会十分尴尬、丑陋和令人厌恶。”这让玛丽意识到过去自己在想象中把脸红的样子过度夸张化，让自己以为那个样子很糗，但事实并没有她想象的那么糟糕。

第三步，在进行完第二步治疗后，玛丽开始意识到：生活中别人根本不会对自己的脸红行为给出负面的评价。在治疗之前，玛丽觉得其他人一定会嘲笑和讽刺自己，觉得自己是个不正常的人。但听她演讲的小组成员竟然给了她不少积极的正面评价，比如一个人这样评价她："我有一些朋友也容易脸红，但这根本不是问题，你本来就长得好看，脸红起来的样子不仅可爱，还更漂亮呢！"还有一个人对她说："一个姑娘说话容易脸红，只能说明她是个善良的人，那些冷漠的人才不会脸红呢！"

看到多数人都给了自己正面的评价，还有一些中肯的建议，竟没有一个负面评价，玛丽感到很惊讶。同时，她也意识到：过去她认为大家只会对她的脸红抱有负面评价的想法并不是真实的。这也增强了玛丽的自信心，并且让她学会了接受自己脸红的问题。

治疗结束时，玛丽的症状得到了很大的改善，并开始主动参加各种社交活动。

在治疗结束后的后续回访中，玛丽表示自己的状况有了很大改善，并且这种状态很稳定，并没有复发的迹象。她对现在的生活十分满意，在治疗后，她对自己的社交能力也有了信心。虽然偶尔还会担忧脸红的问题，但在治疗中学习到的自我调节技巧让她学会了如何调整自己的状态。在之后的工作和生活中，她仍然会谨慎地进行暴露疗法的练习，也会有意控制自己不去逃避让自己焦虑的事务。

暴露疗法，就是让人不刻意去逃避自己不喜欢的事务，因为一直频繁地逃避会让自己在恶性循环中形成条件反射。对此，你可以参加一些婚丧宴请、团建聚会，并在此过程中，改变和扭转自己的一些消极认知，树立正面、积极的认知，增强社交的自信心，从而让自己逐渐参与到正常的社交活动中，从根本上解决自己的恐惧心理。

暴露疗法，又被称为“满灌疗法”，在心理学上多用于个体性格层面的冲破，属于比较有冲击力的心理治疗方式之一。从“暴露”二字，我们应该能发现该疗法主要依靠外界对患者情绪的压制和刺激，不给患者放松的机会，把他们直接推送到他们最怕的情景之中——可以是幻想中的，也可以是实际中的，以此达到让患者迅速“脱敏”的目的。

# 喊叫疗法：将内心的焦虑大声地说出来

“喊叫疗法”是一种简易的调适疗法，方法是利用假日或空闲时间到野外空旷处，或仅自己一人在家时（记住！必须确认，隔音设备良好或不会影响到邻居，否则易引起邻里纠纷）对着墙壁，大声喊叫，将想讲、想骂、想哭、想笑的人和事尽情宣泄，过后你将神情愉快，轻松无比。对于“社恐”来说，在参与社交之前，可以将内心所害怕和焦虑的事情喊出来，或者找个熟悉的人去倾诉一下，如此内心可能会产生一些轻松感，从而能够以平常心参与到社交中去，进而增强自信心。

阿瑟·普雷斯德是美国波士顿一家心理医疗机构的医生，在临床中，他会遇到一些“社恐”人士，他们本身生理上根本没有什么问题，但是他们坚信自己患了某种病，从而感到浑身不自在。

例如，某人怀疑自己患上了某种“心脏病”，因为他总是觉得胸闷、喘不上来气；还有人认为自己患上了“胃癌”，并因此痛苦不堪。阿瑟·普雷斯德医生发现他们真正的疾病并非在身体机能层面，而是在心理层面。他发现这些人都有一个共同点，那就是他们因为无法正常地参与社交，内心积累了太多的负面情绪，却无从宣泄。再加上他们因长期被负面思维所困扰，普遍看起来阴郁、悲观，毫无活力。

为此，他专门为这些人进行了心理疏导治疗，教他们调节自己的内在情绪，释放自己。极为神奇的是，很多人在进行这些心理调节之后，觉得自己浑身变得轻松，再也没感到什么“疾病”的折磨了。其实，阿瑟·普雷斯德医生运用的主要心理疏导方法是“喊叫”。他告诉那些处于痛苦中的“社恐”人士，适当地倾诉自己的内心，把心底的话说出来，或者干脆到空旷的地方，将

将内心的感受说出来，痛苦和恐惧就会减轻许多

内心的委屈、不快喊出来，能有效地缓解他们内心的痛苦。

不可否认，“社恐”人士都有一个共同特点，就是总是不受自我控制地将内心封闭起来，尤其爱压抑自己，不敢在人前表达自己的看法，不敢向人展露真实的自我，相反，他们还要刻意地“伪装”自己，向人展露自己完美的虚假的一面。这导致他们内心积压了太多无处宣泄的负面情绪，从而产生更严重的心理疾病或者身体上的病痛。

心理学家指出，压抑情绪就是指对自己心理上的束缚、抑制。尤其是对悲伤、忧虑、恐惧等消极情绪的极力压制，这会导致人们心情沉闷、烦恼不堪、牢骚满腹。不仅如此，还表现为对外面的世界产生厌恶、漠不关心，对别人的喜怒哀乐无动于衷，对什

每一种疾病都是一种表达，当我们压抑一些东西，不允许它们在心理和灵魂层面表达时，它们会通过身体表达，这就是身体的疾病

么事情都失去兴趣，进而演化成抑郁症。“社恐”人士普遍有这些问题，他们整天把自己拘在自我约束之中，心头似有千斤重的石头压着，长此以往，他们会觉得自己的身体出现了某种病变，从而变得更加痛苦、消沉，形成一个恶性循环。要减缓这种痛苦或烦愁的情绪，就要学会自我宣泄，以免情况恶化。

当然了，除了向人诉说、在空旷的地方喊叫等宣泄方式，还可以朗诵诗歌和文章，这与喊叫疗法有异曲同工之妙。性格刚直者，往往可以选择一些表现阳刚之气，情感激越的诗文来朗诵，以便疏导怨愤之气。性格柔弱者，则往往适宜于诵读情绪舒展的作品，以此消弭内在的郁闷。

一名“社恐”女孩因为工作上的一次小小的失误，在公司部门的一次小组会议上受到了批评。这对其他同事来说是极为平常的事情，但让女孩感到遭受了“奇耻大辱”，自责和羞愧折磨了她好几个星期，让她痛苦不堪。在她看来，我本来就害怕被公司其他同事关注，而这次是在自己表现如此糟糕的情况下被人关注，大家会如何看我呢？他们一定会觉得我能力差，做事不认真，是个极糟糕的人，以后大家可能都不太会搭理我了吧……种种负面猜测，让她寝食难安。在上班过程中，她在每个同事面前都表现得很卑微，生怕对方说自己差劲。如此下去，她觉得自己都快撑不下去了，但她知道，这份得之不易的工作不能随意丢掉。于是，一天下班后，她开始在家里大声地诵读一些能激励自己的句子，还有一些滑稽、幽默的段子，她的压力顿时消减了不少。

对于“社恐”人士来说，过度地压抑自己的情绪，不仅会影响正常的生活和工作，还会对自己的身心健康造成不良的影响。所以，在平时要懂得及时释放自己，给负面情绪找个合理的出口。当然，消除郁闷的方法有很多，除了找熟悉的人倾诉，对着空旷的山野叫喊，还可以尝试以下方法：

### 1. 做深呼吸

当你在坏情绪中苦苦挣扎的时候，深呼吸是一种让自己冷静下来的好方法。慢慢地呼吸能使心率减缓，从而使人恢复平静。美国一个心理协会推荐从横膈膜进行深呼吸，而不是从胸腔进行浅呼吸。深呼吸有助于人体产生一种自然的放松反应。这种反应是由呼气导致的，当你呼气时，肌肉通常会随之放松。而伴之放松的，还有人的坏情绪。一些研究者发现，瑜伽对平复情绪很有帮助，这也是深呼吸带来的效果。听安静的音乐，做肌肉放松练习，同样也能对平复情绪产生一定的帮助。

### 2. 将心中的不快写下来

心理学家指出，写作或者写日记可以使人放慢思考速度，并思考如何应对出现的问题。所以，如果你心情不爽时，不妨将积淀在内心的不快统统写出来，即便是发泄，都可以有效地平复你的情绪。

### 3. 自言自语也是一种极好的“倾诉”方式

生活中，当我们找不到倾诉的对象时，自言自语是比较好的情绪纾解方式，也是一种勇敢的“自救”。德国的心理学家经过研究发现："自言自语"是消除紧张的有效方法，有利于身心健康，是一种简单易行的心理保健方式。

## 心理小课堂

平时积累一些劝人暖心的名言或者句子，记得把它们抄下来，在心情不好或者感到压抑的时候，拿出来看一下。在这些名言警句里，或许可以找到治疗郁闷心理的药方，让心情舒展，缓解压力。

## 系统脱敏法：通过逐步刺激，提高社交能力

系统脱敏法又称“交互抑制法”，就是社交恐惧症患者通过逐步地去参与由易到难的社交活动，从而对社交这件事不再产生敏感反应，进而达到治疗的目的。具体练习步骤如下：

**第一步，学会与关系亲近的人沟通**

有社交恐惧症的人最恐惧的是陌生人，所以，首先要学会与亲近的人交流，如家人、朋友、同学等，数量不必多，两三人即可，他们是我们走出困境的关键。每一天，我们都得要求自己，与亲近的人交流和沟通 15 分钟，分享自己的所见所得，甩掉所有的顾忌。坚持一个月以上，会让社交恐惧症患者的表达能力得到有效的提升。

**第二步，学会在大一点的场合中表达自己的观点**

当我们与亲近的人有了足够多的交流，进而有了敢于尝试沟通的勇气后，就要学会在稍大一点儿的场合或人稍多的地方发表

自己的观点。一开始，我们不必选择过于正式的场合，可以是在跟朋友喝下午茶时，也可以是跟同事聚餐时，在这些场合，适当地表达自己的观点，不必在意讲话时间的长短，只要能说出自己的观点即可。在开始阐述前，可以说："我的表达能力有限，我表达的观点也有可能失之偏颇，请大家多多体谅我，不要嘲笑我。"这样的一句话能让你放松下来。久而久之，你的胆量便能得到提升，与其他人也更容易找到共同的话题。

**第三步，主动去与陌生人交流**

这是走出社交恐惧最为艰难的一步。所以，它一定要建立在经历了大量的前两个步骤训练的基础上。

不要越级治疗，比如，上来就与陌生人说话，很容易说错话，让自己陷入尴尬的境地，反而会加重恐惧社交的心理。

心，需要在一次又一次的选择与尝试中锤炼自己，不管是成功还是失败。只要是一次自由意志的选择，心就会被滋养

一开始，我们不妨以“问路”作为与陌生人交流的方式。问路的内容较为简短，但需要和很多陌生人沟通，面对不同的陌生人，可能要用到女士、先生等不同的称呼，这会决定问路最终是否顺利。能够在短时间的问路训练中获得一些陌生人的好感，得到对方的帮助，我们内在的恐惧就会消减，这种成功经历多了，会大大地消解我们内心的恐惧，有助于我们快速摆脱社交恐惧。当我们可以正常地与陌生人进行有效的沟通后，再一步步地让自己进入更为复杂的社交场景中，才能更为有效地治疗我们的社交恐惧心理。

法国作家克里斯托夫·安德烈在其著作《面对的勇气：做无惧无畏的自己》中指出，对社交恐惧是因为我们看待人际关系时出了偏差，我们需要从认知着手，认知理顺了，行为自然也就会理顺。在现实生活中，很多人解决“社恐”会用控制自己的方法：“为了不怯场，我会把演讲稿背熟。”“为了表现出自信，我会装出很冷漠的样子。”这些控制自己的方法反而加剧了“社恐”状态。在安德烈看来，要改变“社恐”，最需要做的就是把自己的负面思维转变成积极的思维。

## 学习疗法：
## 提升自我，开阔视野，丰富阅历

学习疗法就是用人类通过模仿学习获得新的行为反应倾向，来改变某些具有不良行为的人，以适当的反应取代其不适当的反应。通俗点来说，就是通过学习去提升自己的修养，开阔自己的视野，丰富自己的阅历，以缓解社交带给自己的焦虑与恐惧。

一些社交恐惧症患者最恐惧的就是无法给人留下好印象，不被人接纳。如果你满腹才华、饱读诗书、视野广阔、阅历丰富，随意出口的话就能语惊四座，在社交场合给人眼前一亮的感觉，别人就会对你产生敬佩之情，你的情绪也自然能放松，更不会刻意逃避与他人的交流。可以说，通过学习来提升自己，是我们树立社交自信力的极佳的途径。

叶欣是一个极严重社交恐惧症患者，她自小长得不好看，所以被人称为“丑小妞”。相貌上的自卑感让她对周围的一切都丧

当我们感受到某种东西或场景不受自己控制的时候，焦虑就会产生。这时，我们可以通过焦虑，发现自己的短板

失了信心，加之性格内向，不敢轻易与人说话。这些让她的学习成绩一直不理想，高中还没毕业她就外出打工了。

在工作中，叶欣也不敢随意跟人交流，平时除了上网、打游戏时精力充沛外，她做什么都没有动力。她也想融入人群，但自知知识太过贫乏，说出的话没人理会。她平时也看书、关注新闻，但她觉得那些东西在聊天的时候根本用不上。她因为太过自卑而不敢和别人正常地交流，一方面生怕对方觉得自己说话水平低招致嘲笑，另一方面怕自己接不上对方的话导致冷场尴尬。所以，在生活中，她是逢人必躲，与旁人在一起能不说话就不说话。她也知道，再这样下去是交不到朋友的。事实上，那时的她身边确实没有一个能聊得来的朋友。可是，她内心又渴望和别人打成一片，在这种心理冲突中，她非常痛苦。

为了改变自己的窘态，她决定通过阅读来改变自己。对此，她有自己的想法：语言匮乏，那么广泛的阅读可以丰富自己的词汇。自己总爱做出一些冲动的事，这说明自己的耐力不够，而阅读可以让自己静下心来，帮自己修炼耐力和定力。同时，阅读还能增广自己的见识和格局，让自己活得更通透、明事理，进而从根本上改变自己的问题。

就这样，她在闲暇之余开始到图书馆阅读大量的书籍，从文学到哲学，再到通俗物理学、化学等，凡是好的书籍，她都不错过。从几个月再到一年，慢慢地，她发现自己的谈吐不一样了，别人说话的时候，她能时不时地说上几句，表达自己的意见和见解，这令周围的人对她刮目相看。因为阅读，她的求知欲变得更强了，原来让她感到没意思的事，现在也开始有了兴趣，她的生活也不像之前那样枯燥乏味了。她觉得自己也变得更有耐心和爱心了，以前那些让她看不惯的事与物，她开始包容它们了，她的接纳力

学习是我们恐慌无助的最佳“克星”

开始变强。她知道：阅读让她收获的不仅仅是个人认知的提升，还让她的品格变得更为友善和宽厚。慢慢地，她终于明白：当一个人有厚实的内在知识底蕴做支撑，就不会再去刻意地计较个人的得与失，更不会在乎他人的误解和世俗偏见，因为她的内心本身就有一个完美的世界。最后，她在与人接触的时候，也不会表现得不自在了。

叶欣的经历说明，人内心滋生的恐惧，很多时候是智慧不够的产物。因为智慧不够，所以总是十分在意他人的看法，对周围的世界与事物看不透也分不清，才极容易患得患失，长此以往，只会将自己推入孤独的深渊。所以，如果你因为知识匮乏而深陷自卑，因为害怕别人嘲笑自己而对社交产生恐惧，那就去学习吧，去增长自己的智慧。社交恐惧症患者如果多去阅读一些心理类的书籍，就会深深地了解自己的问题所在，那么，“对症下药”，不仅会缓解焦虑感，还能辅助对应的心理治疗。

当你在学习中不断地提升自己，你的内在就会变得丰盈，你对这个世界、社会和人生都会形成一套较为完整的看法，无论遇到何事何人，都会保持淡定和从容，也不会惧怕别人的眼光、关注、批评甚至嘲笑。

一个人总被恐惧和焦虑控制，恰恰印证了这个人内在的匮乏，是心灵软弱无力的表现。这个时候，我们要做的就是通过学习去丰富自己的内在，使心灵在知识和技能的加持下变得强大而从容。

## 心理小课堂

学习是一个人抵抗惶恐无助的最佳“克星”，它能转移你的注意力，帮助你分散对未来的不确定性，并且坚定你对自己的自信心，更可以把你的时间利用到最佳值。无助，可以使人变得更为强大，也可以让人内心越来越自闭，越来越卑微，这完全取决于一个人在最无助和恐慌的时候，选择做什么。